Pierre-Joseph LAVIALLE

VIE

DE

Mgr Pierre-Joseph LAVIALLE

ÉVÊQUE DE LOUISVILLE

1819 — 1867

PAR L'ABBÉ J.-B. SERRES,
Chanoine honoraire de Saint-Flour et de Tulle.

In him bishop Lavialle heart and mind, body and soul were as holocauts offered tho the Divine head of the church for his own sanctification and for that of his people.

Dans l'évêque Lavialle, le cœur et l'esprit, le corps et l'âme furent généreusement offerts en holocaustes au Divin Maître de l'Église catholique, pour sa propre sanctification et pour celle de son peuple.

(*Reminiscences of a lay catholic*, page 16.)

AURILLAC
IMPRIMERIE H. GENTET, RUE MARCHANDE, 6.

—

1891

A MES JEUNES AMIS

Mes chers Amis,

Il y a un an, je dessinai à grands traits le tableau de la laborieuse vie de Mgr Chabrat, dans le double but de conserver de précieux souvenirs et d'apporter à vos âmes quelque édification. C'est dans le même but que je reprend la plume ; j'ai encore à vous raconter des choses pieuses, qui apporteront également, je l'espère, quelque bonne pensée dans vos esprits et quelques généreux élans dans vos cœurs.

Ce n'est pas l'histoire d'un héros des batailles, d'un homme de génie que je viens vous redire ici ; non : c'est tout simplement la vie d'un pieux enfant de notre chère Auvergne, lequel, par ses vertus, son travail, son dévouement, a fait des œuvres magnifiques.

Dans le simple exposé de ces belles choses, nous puiserons tous, mes Amis, d'utiles leçons et des encouragements. C'est du moins ce que je demande à Dieu ; et, certes, nous serions bien malheureux et coupables si nous ne profitions pas du passage dans ce monde de ces figures lumineuses que Dieu nous envoie pour nous édifier, nous éclairer et nous servir de guides et de modèles dans les ténébreux déserts de notre pauvre vie.

Arrivé trop tard sur la scène du monde, je n'ai pas eu le bonheur de connaître Mgr Lavialle ; quand je suis venu, il était parti pour ne plus revenir. Mais j'ai sous la main des documents qui me le font connaître : des lettres, des livres, des journaux protestants et catholiques qui me redisent tout, sa vie intime et sa vie du dehors.

Dans ces écrits venus de loin, j'ai trouvé une belle âme, et j'ai dit : Ces nobles choses ne doivent pas périr ; c'est le moment de les publier, pour l'édification des âmes, l'honneur de l'Église et la gloire de Dieu.

C'est le moment : car il est mort, le jeune évêque, mort victime de son zèle, martyr de son devoir. Sa vie a été courte, si l'on compte les années, mais elle a été longue si l'on considère les œuvres qui l'ont remplie. C'est bien le cas de dire : *Brevi vivens tempore explevit tempora multa.*

Plusieurs de ses condisciples sont encore pleins de vie, hommes d'affaires dans le monde, ou curés dans les paroisses du diocèse de Saint-Flour. Ils seront heureux, je pense, de revoir cet ami d'autrefois, ce jeune homme, grand, frêle, sérieux et doux, qu'ils voyaient, il y a déjà longues années, à côté d'eux, au Petit-Séminaire de Pleaux ; heureux de le retrouver entouré d'œuvres saintes, couronné d'une mitre et chef bien-aimé d'un des plus vastes diocèses du monde.

Ils verront et vous verrez, mes Amis, comme je vous l'ai dit ailleurs, ce que peut le travail, ce que peut la vertu, ce que peut le dévouement au service d'une grande cause, à quelle hauteur ils élèvent l'homme.

Travail, vertu, dévouement, ce fut là toute la vie de Mgr Lavialle, comme ce fut toute la vie de Mgr Chabrat. Dans l'accomplissement de ces trois devoirs, Mgr Chabrat perdit la plus robuste santé, Mgr Lavialle y a perdu la vie. Celui-ci a vécu moins de temps ; mais, comme il est tombé victime de son zèle, comme sa mort a glorieusement parachevé ce qu'avait commencé sa vie, il s'ensuit que ces deux évêques, presque frères par le sang, sont frères par les mérites et resteront frères dans la mort, frères dans la gloire.

Je désire, mes jeunes Amis, que ma modeste notice vous apporte quelque édification, touche vos âmes, les ramène dans la pratique de toutes les vertus, dans l'amour du travail et du sacrifice, afin qu'à l'exemple du saint compatriote dont vous allez lire la vie, vous grandissiez en vaillance devant les hommes et en sainteté devant Dieu.

La Thébaïde, le 1er janvier 1891.

J.-B. SERRES,
CH. H.

MGR PIERRE-JOSEPH LAVIALLE

ÉVÊQUE DE LOUISVILLE

CHAPITRE Ier

La famille Lavialle, de Surgères.

A deux kilomètres de Chambres, à quatre de Mauriac, à l'orient de cette dernière localité, s'élève dans la plaine le village de Lavialle, et, à quelques pas de ce village, sur la pente de la colline qui termine ladite plaine, on voit, au milieu des ondulations des prairies et des terres labourables, une antique maison appelée Surgères. Elle est là, solitaire et tranquille, comme un vieux souvenir du Moyen-Age.

Dans cette maison, se perpétuait depuis des siècles, sous le regard de Dieu, une famille honorable, riche de foi, vraie lignée de patriarches, comblée des bénédictions divines, la famille Lavialle, qui a toujours porté le nom du village voisin.

Elle a donné au barreau des hommes de loi et à l'Église des missionnaires et des religieux distingués.

Sur d'anciens titres, on trouve le nom de Guy Lavialle, prêtre ; il vivait au quinzième siècle.

Au seizième siècle, la famille Lavialle comptait d'abord deux prêtres, Antoine et Pierre, et un notaire, Pierre, fixé à Mauriac, où il vivait en 1520 ; puis, un peu plus tard, un autre prêtre, du nom de Jacques Lavialle.

Au dix-septième siècle, elle donna à l'Église un homme fort distingué : Rupert Lavialle, qui embrassa la vie monastique. La vieille abbaye bénédictine de Mauriac avait accepté la réforme de saint Maur, et, depuis, les vertus religieuses y fleurissaient, saintement ravivées par la règle de saint Benoît, remise en vigueur. La science et la piété de dom Rupert le désignèrent au choix de ses frères en religion, qui l'élevèrent à la dignité de prieur, la plus haute du monastère. Dès lors, il travailla activement à la prospérité de la maison. En 1643, il répara les chapelles de la grande église des Bénédictins, que les Huguenots avaient dévastée ; puis, l'année suivante, il releva la chapelle du puy Saint-Mary, ruinée aussi par les Huguenots. Le monastère lui-même avait été pillé, démoli en partie par la rage de ces forcenés ; Rupert en releva les ruines.

Le dix-huitième siècle nous a laissé le souvenir de Jean Lavialle, qui se livra aux missions dans l'Auvergne et devint supérieur des missionnaires établis à Salers, parmi lesquels il se distingua par son zèle apostolique.

Après lui, à la fin du même siècle, se présentent à nos regards trois autres prêtres de la même famille : François, Géraud et Jean-Baptiste. Les deux derniers étaient neveux du premier. Quand la Révolution éclata, François et Géraud étaient missionnaires à Salers (1). Jean-Baptiste était diacre. Ils refusèrent tous trois le serment schismatique, et, par suite de ce refus, ils furent en butte à la persécution la plus atroce.

François Lavialle fut condamné, non à la déportation, à cause de son grand âge, mais à la détention dans les prisons d'Aurillac. Les deux neveux passèrent en Espagne, où ils reçurent la plus généreuse hospitalité au monastère de Notre-Dame de la Merci, dans la ville de Lorca. C'est là que mourut le jeune diacre, en 1794.

En 1795, la tourmente révolutionnaire s'apaisant un peu, François sortit de prison et Géraud revint de l'exil. Mais bientôt, la rage reprenant les hommes qui tyrannisaient la France, nos deux confesseurs de la foi furent obligés de reprendre leur vie de proscrits : ils allaient en cachette de village en village administrer les sacrements aux fidèles désolés.

Enfin, l'oncle, accablé de douleur et d'années, brisé par les secousses violentes de la Terreur, mourut à Surgères, en 1805.

Après la Révolution, Géraud Lavialle se livra

(1) En 1789, tout en restant missionnaire, François Lavialle fut pourvu d'un petit bénéfice. C'était la chapellenie ou vicairie de Saint-Éloi, fondée dans l'église paroissiale de Mauriac et desservie à l'autel du Rosaire. Le titulaire de ce bénéfice était chargé de dire cinquante-deux messes par an, moyennant dix-sept septiers de seigle, seize septiers d'avoine et trente sols.

d'abord à l'Œuvre des Missions diocésaines, rétablies à Pleaux ; puis il accepta le ministère pastoral et fut successivement curé d'Auzers, d'Anglards, de Saint-Cernin et de Saint-Bonnet, laissant partout des traces de son zèle et le souvenir d'un homme ardent, austère et d'une sainte énergie que rien ne faisait fléchir.

Déjà vieux, épuisé par les labeurs d'une vie tout apostolique, il quitta Saint-Bonnet et alla demander un dernier asile à l'hospice de Salers, au milieu des pauvres, avec l'unique pensée de s'y préparer, dans le silence des montagnes, sous l'influence de la grâce qui surabondait en lui, au terrible passage du temps à l'éternité. Il y vécut en trappiste et y mourut en saint, le 24 décembre 1829.

Un de ses frères, beaucoup plus jeune, Jean, était aussi entré dans l'état ecclésiastique et avait été ordonné prêtre en 1810. Il voulut, comme ses oncles, se faire missionnaire : c'était la vocation de la famille. Sa vie se passa, en effet, dans les missions d'Auvergne et du Limousin, en compagnie du P. Murat et des abbés Chabrat, frères de l'évêque de Bolina. Il fut aussi par intervalle aumônier de quelques communautés religieuses. Pour récompenser son zèle et ses travaux, Mgr de Marguerye, évêque de Saint-Flour, le nomma chanoine honoraire de sa cathédrale, en 1847. Enfin, ce vénérable vieillard mourut à Mauriac, en 1868, avec la réputation d'un saint, à l'âge de quatre-vingt-deux ans.

Il est des familles bénies de Dieu : la famille Lavialle est de ce nombre. Que Dieu répande sur elle dans les siècles à venir les mêmes bénédictions dont il l'a comblée dans les siècles passés !

CHAPITRE II

Naissance de Mgr Lavialle. — L'éducation de famille. — La vocation. — Le départ.

Dans les premières années du siècle présent, la famille Lavialle abandonna Surgères et se fixa au village qui porte son nom. C'est dans cette dernière demeure que vivait Guillaume Lavialle, frère des trois prêtres Géraud, Jean-Baptiste et Jean, dont nous avons parlé dans le chapitre précédent. Il eut de Marie-Jeanne Faure, son épouse, plusieurs enfants, dont trois seulement parvinrent à l'âge d'homme : Géraud, actuellement avoué à Mauriac ; Louis, mort célibataire à Lavialle, et Pierre-Joseph, mort évêque de Louisville, celui dont nous écrivons la vie.

Né en 1819, le 15 juillet, Pierre-Joseph fut pieusement élevé par sa bonne mère, grande et belle femme que nous avons tous connue, vrai type de la mère chrétienne. Ses pieuses tendresses, ses leçons de vertu et ses saints exemples, l'enfant ne les oublia jamais ; toute sa vie, il en garda un souvenir ému et en porta la lumineuse empreinte.

Un jour, après seize longues années d'absence, le pauvre enfant, du fond de l'Amérique, écrivait à sa mère une lettre touchante, où, pour la consoler des douleurs causées par la mort de son époux, renouvelées par la mort de sa belle-fille, née de Bonnefon, il lui rappelle la manière dont elle élevait ses enfants, les bons exemples qu'elle leur donnait. Veut-on savoir ce que disait cet enfant à sa mère ?

« Ma chère Mère, je ferais tout au monde pour votre bonheur, et, loin de vous oublier, plus je vis, plus je sens que je vous dois un tribut immense de reconnaissance pour les soins temporels que vous avez pris de moi dans mon enfance, pour les salutaires leçons et les bonnes maximes que vous avez gravées dans mon esprit par vos paroles et par vos exemples. Dès l'âge de huit à neuf ans, je commençai à remarquer la régularité de ma mère à faire chaque jour des dévotions particulières ; à aller à confesse et à la communion tous les troisièmes dimanches de chaque mois, en l'honneur du Saint-Sacrement, quelque temps qu'il fît (1) ; à prendre place parmi les personnes pieuses, avec un cierge à la main, dans les processions en l'honneur de la Sainte-

(1) Remarquons que le village de Lavialle est à une heure de distance du Vigean, où se trouve l'église paroissiale.

Vierge ; à aller entendre la sainte messe pour les âmes du purgatoire ; à se rendre fidèlement à la fête de Notre-Dame des Miracles, à Mauriac, à laquelle je lui ai entendu dire qu'elle avait consacré ses enfants ; à se retirer chaque dimanche, durant la soirée, dans la petite chambre pour y faire une pieuse lecture et des prières particulières. Il me semble encore vous voir, ma chère Mère, agenouillée au pied de la pendule, avec votre chapelet ou votre livre à la main. L'impression que ces exemples firent alors sur moi ne s'effacera jamais. Ce que je vous entendais dire, dès ce même âge et même avant, du bon Dieu qui est partout, de notre Seigneur qui est dans le Saint-Sacrement par amour pour nous, de sa mort sur la croix pour l'expiation de nos péchés, de la Sainte-Vierge qui est notre Mère, du paradis où étaient déjà allés quatre de mes frères ou sœurs, ne fut pas moins précieux pour moi-même et a, j'espère, porté de bons fruits. Vous souvenez-vous, ma chère Mère, que vous m'appreniez à répondre aux bonnes femmes du village, qui étaient toujours à me demander ce que je voulais faire, que je ferais ce que le bon Dieu voudrait. Eh! bien, ma chère Mère, faire ce que le bon Dieu veut, voilà la règle que je cherche à suivre en tout, en Amérique. Pensez au bien que, par la grâce de Dieu, vous avez fait à vos enfants et au bien qu'ils peuvent faire eux-mêmes, afin que cela vous donne une confiance et une consolation qui ne peuvent point déplaire à Dieu.... »

Voilà comment Mme Lavialle élevait ses enfants et comment ses enfants profitaient de ses leçons.

Ah ! si toutes les mères se conduisaient ainsi, quelle abondance de bénédictions dans les familles ! que de douleurs de moins et que de joies de plus ! Il y a dans les regards et dans les paroles d'une mère chrétienne une vertu mystérieuse qui passe dans l'âme de l'enfant, et, dans ses pieuses tendresses, une influence salutaire qui donne à l'enfant une forme religieuse qu'il ne perd jamais entièrement : de sorte que l'enfant, fût-il au bout du monde et de la vie, garde toujours cette empreinte pieuse et ces impressions saintes.

Donc, pendant que le jeune Joseph grandissait lentement, dans le sommeil des premiers ans, la bonne mère allait s'agenouiller dans « la petite chambre, au pied de la pendule », et là, prenant son âme et son berceau, elle offrait tout à Dieu, dans l'adoration de son amour. Ses prières ne furent pas perdues.

En 1851, Joseph fut envoyé au Petit-Séminaire de Pleaux, où il se fit aimer de ses condisciples et chérir de ses maîtres. Il était régulier, ami du devoir, enjoué en récréation, partout ailleurs sérieux, plus même qu'on ne l'est à cet âge. Doué de vertus solides, il eut dans ses études des succès marqués et garda dans sa classe un rang d'honneur. Sous l'influence de la science et de la foi, l'adolescent se transforme : le cercle de ses connaissances s'élargit, sa piété se fortifie : tout grandit en lui, l'esprit, le cœur et la vertu ; et, de tous ces accroissements simultanés, se forme un jeune homme vigoureux, intelligent et plein d'une noble fierté.

Alors, comme aujourd'hui, il y avait au Petit-Séminaire de Pleaux la congrégation des Enfants de Marie, dans laquelle entraient les élèves les plus pieux. Il va sans dire que le jeune Lavialle y fut admis ; il en devint même le président, et ce futur évêque gouverna ce petit monde avec cette autorité, cette fermeté et ce dévouement qu'il mit plus tard à gouverner son vaste diocèse.

Mais les dix-huit ans arrivaient, et c'est l'heure solennelle où il faut penser à l'avenir : Joseph y songea.

C'est bien, en effet, à dix-huit ou vingt ans que le jeune homme doit demander à Dieu le secret de sa vocation. A cette époque de la vie, il est libre encore de tout engagement ; il jouit de la plénitude de la jeunesse et de la force ; il se voit en possession d'un beau trésor de candeur, d'énergie, d'émotions, n'ayant derrière lui pas un remords qui trouble son esprit, pas une faute assez grave pour ternir l'éclat de sa vertu, et devant lui pas un crêpe lugubre qui voile l'horizon, car à cet âge le jeune homme n'a que de lumineuses espérances. C'est donc le moment venu de choisir son chemin.

Malheur à celui qui choisit mal ! Le jeune homme qui ne cherche pas la place que Dieu lui destine dans ce monde, ou qui ne fait aucun effort pour l'occuper ou s'y maintenir, ne la trouvant peut-être pas assez haute ou assez belle, se condamne inévitablement à une suite sans fin de déboires et de tristesses, à une vie de malheurs ; il détruit sur un point l'harmonie qui doit régner dans l'univers, et à laquelle chacun doit travailler ; il laisse quelque part une place vide qu'il devait remplir et en occupe une qu'il ne devait pas occuper ; il gêne donc et il est gêné ; il souffre et il fait souffrir. De même que dans le corps humain chaque membre a sa place, de même dans la société chaque homme a la sienne marquée ; s'il ne l'occupe pas, c'est un membre disloqué. Il est dans une position fausse vis-à-vis de la société, qu'il fait souffrir, et vis-à-vis de Dieu, qui le voulait ailleurs ; dès lors il n'obtient ni secours de l'une, ni grâces de l'autre, et, sans la grâce de Dieu, que peut-il devenir ? Sa vie est pleine d'amertume, de regrets et de déceptions ; la tristesse et l'ennui enveloppent son existence ; il porte la peine de sa négligence, de sa légèreté dans une affaire d'où dépend le bonheur de sa vie et de son éternité. Le jeune homme sérieux seul considère et médite ces vérités ; les étourdis et les vicieux ne s'en occupent point ; ils se jettent tête baissée dans le tourbillon du monde, sans savoir où ils vont, sans but déterminé ; et, astres éteints et errants, ils vont aux ténébreux abîmes.

Ce ne fut pas ainsi que se comporta Joseph Lavialle. En jeune homme réfléchi, il étudia sa vocation et, l'ayant connue à la lumière de la foi, il la suivit courageusement. Il se rendit au Grand-Séminaire de Saint-Flour, où il reste trois ans. Acquérir les vertus sacerdotales et cette science ecclésiastique qui est l'ornement du prêtre, sans laquelle il ne fait aucun bien, fut son travail de chaque jour, le but constant de ses efforts. Par son application à bien faire, par son ardeur au travail, par sa modestie et sa simplicité, il devint, au dire des contemporains, le modèle des jeunes clercs, comme il avait été l'image parfaite du bon écolier.

Mais une voix mystérieuse résonnait dans son âme. Une idée, un pressentiment, une inspiration, quelque main inconnue le poussait : il part pour Saint-Sulpice. Les desseins de Dieu s'accomplissaient à son insu ; et, pas à pas, il allait à sa destinée.

CHAPITRE III

Saint-Sulpice. — Lettres de M. l'abbé Lavialle. — Encore la vocation.

C'est au mois d'octobre 1842 que M. l'abbé Lavialle était parti pour le Séminaire de Saint-Sulpice, à Paris. De là, il écrivait à ses parents des lettres affectueuses et pleines de piété. Nous en avons retrouvé quelques-unes.

Le 4 mars 1843, il écrivait :

« Ma chère Mère, on a soin, lorsqu'on m'écrit, de me dire quelques mots de vous. C'est avec satisfaction que je les lis. Eh ! bien, comment allez-vous ? Êtes-vous bien portante et tranquille ? Supportez-vous saintement vos peines ? Je craignis beaucoup que mon départ ne vous fatiguât et je recommandai à mon frère de vous consoler et de vous rassurer. Aujourd'hui je viens le faire moi-même. Ma chère Mère, ne vous inquiétez pas de moi, je vous le défends ; n'ayez aucun souci . je suis ici parfaitement heureux, dans une maison où la divine Providence me fait trouver les avantages les plus précieux et prend soin de moi tout aussi bien que vous pourriez le faire. Je suis, il est vrai, bien loin de vous, ma bonne Mère ; mais qu'importe, puisque je suis où Dieu me veut et sous sa garde. Nous pouvons, d'ailleurs, nous donner mutuellement de nos nouvelles. Dès lors soyez sur mon compte dans un parfait repos. Mais, si, malgré ces considérations, votre cœur de mère est encore inquiet, voici un conseil que je vous donne : dites à Dieu que vous me confiez à lui, et à la Sainte-Vierge que vous me mettez sous sa garde ; vous verrez alors que vos craintes disparaîtront, seront du moins bien adoucies.

« Ce conseil, je vous prie de le suivre aussi dans vos autres peines, ma bonne Mère ; vous en avez peut-être sur mes frères, sur leur avenir : eh ! bien, dites à Dieu et à Marie que vous les leur recommandez; Dieu et Marie allègeront ces peines. C'est de la sorte que j'agis lorsqu'il me vient quelque idée pénible à votre sujet, mes chers parents ; et je m'en trouve bien. Assurés que nous sommes, par la foi, que les peines nous sont envoyées de Dieu pour notre bien futur, ne serions-nous pas coupables de nous en tourmenter outre mesure et de vouloir nous y soustraire? Ne devons-nous pas plutôt les accepter de la main de ce bon Père avec calme et soumission, comme des avantages précieux? Jetons-nous donc avec confiance dans les bras de la divine Miséricorde, et là tenons-nous tranquilles, quoi qu'il arrive, car nous y sommes en sûreté.

« Pour ce qui est de vos devoirs religieux, ma chère Mère, ne vous troublez pas des distractions qui peuvent vous y suivre, offrez tout à Dieu. Ce serait en vain que vous chercheriez à chasser ces distractions par des efforts d'esprit; ces tentatives ne feraient que vous fatiguer. Ne vous appliquez pas trop non plus à lire pendant les offices de l'Église ; contentez-vous de porter souvent vos yeux vers le saint autel, de faire quelques actes de foi, d'espérance, de charité, de prononcer vous-même quelques mots de prière. Calme et tranquille en Dieu, abandonnée à Lui, à la Sainte-Vierge, à votre Ange gardien, offrez vos faiblesses, vos impuissances, vos distractions, et soyez dans une pleine confiance, car Dieu vous aime beaucoup et il vous sauvera.

« Ma santé est toujours très bonne et s'accommode très bien du climat de Paris.

« Quant à l'argent que vous vous proposez de m'envoyer, ma chère Mère, employez-le sans crainte à vos besoins et ne vous en privez pas pour faire prier pour vous après la mort, parce que c'est moi qui me chargerai, si je meurs après vous, de prier pour votre âme, et je vous assure que je le ferai abondamment. »

Dans une lettre du 26 juin 1843, le pieux séminariste ajoute :

« Ma très chère Mère, je suis bien aise que ma lettre vous ait fait plaisir : je serais heureux de pouvoir vous faire passer quelques moments agréables. C'est pour cela que je viens encore vous entretenir un instant. Je pense que vous avez tenu compte de la défense que je me permis de vous faire : d'avoir jamais quelque inquiétude à mon sujet ; tâchez de ne pas l'oublier. Ne pensez à moi, ma bonne Mère, que pour vous réjouir de ce que le bon Père a bien voulu me conduire dans sa maison privilégiée, où je suis sous sa garde et comblé de ses faveurs. Remerciez-le et demandez-lui que je devienne un bon prêtre. Vous comprenez, ma chère Mère, que vous lui feriez injure de vous attrister de mon absence. Qu'est-ce que cet éloignement qui nous sépare et qui ne nous empêche pas de nous donner mutuellement de nos nouvelles ? Cet éloignement doit d'autant moins vous chagriner qu'étant ici dans une maison bénie de Dieu, je puis d'autant plus prier pour vous, et c'est ce que je fais de mon mieux. Considérez, en outre, ma chère Mère, que, m'ayant donné à Dieu pour qu'il en fît son ministre, vous avez accepté par là même cette privation : le prêtre, en effet, n'est pas destiné à rester dans sa famille, mais à aller partout où Dieu l'appelle, partout où il y a du bien à faire. Ainsi, dorénavant, dans quelque lieu du monde que je me trouve, gardez-vous, ma bonne Mère, de vous attrister ; ce serait évidemment témoigner à Dieu que vous avez regret de m'avoir donné à Lui, ce qui serait un grand mal. Voici ce que vous devez dire au divin Maître : Mon Dieu, vous me l'avez donné, je vous le rends !

« Je voudrais, ma chère Mère, que vous vous souveniez de ce que je vous ai dit relativement à vos exercices de piété. Vous les faites, ce me semble, d'une manière trop fatigante, car vous m'avez dit que souvent, au sortir des offices, vous avez un grand mal de tête. Je voudrais que vos prières fussent plus brisées : c'est-à-dire que vous cessassiez par intervalle vos lectures pieuses et vos prières vocales, pour dire de vous-même quelques paroles à Dieu, pour produire quelque sainte affection. Essayez-le, c'est plus facile que vous ne pensez ; parlez à Dieu comme à un ami, à un père, sans prétention et sans efforts ; faites agir le cœur plus que l'esprit ; peu importe que vous n'ayez pas le temps de finir vos prières vocales ordinaires. Lorsqu'il vous arrivera des distractions, laissez-les faire, contentez-vous de vous humilier devant Dieu et de lui adresser tout doucement quelques paroles d'amour et de confiance. Parlez de même à la Sainte-Vierge ; offrez tout à cette bonne Mère.

« Je voulais vous parler de la confession, dont la préparation vous est difficile, d'après ce que vous m'avez dit ; mais le papier me manque. Votre mémoire s'étant affaiblie, vous avez de la peine à vous souvenir de vos fautes ; ne vous en inquiétez pas : c'est un bienfait de plus que le bon Dieu vous envoie ; faites part de cela à votre confesseur et restez en paix. Adieu ! »

Le 29 du mois d'août de la même année 1843, la bonne mère recevait de son fils bien-aimé la lettre suivante :

« Ma chère Mère, je vous suis infiniment reconnaissant de la lettre que vous avez bien voulu m'écrire malgré vos fatigues, reconnaissant de tout ce que vous me dites avec votre simplicité et votre cœur de mère. Vous êtes toujours un peu souffrante, à cause de vos rhumatismes et de vos maux de tête ; eh ! bien, tâchez de rester tranquillement résignée, dans cet état, à la volonté de Dieu, qui vous envoie ces souffrances pour votre bonheur futur. Ne vous alarmez pas de cette incapacité morale dans laquelle vous pouvez vous trouver, par suite de vos douleurs, de pouvoir offrir à Dieu vos peines en esprit de foi ; soyez assurée, ma bonne Mère, que tout vous vient de cette même main paternelle qui au besoin est toujours là pour vous prêter secours. Quant aux moyens que je vous suggère, en vous écrivant, prenez-les en toute liberté et ne les mettez en pratique qu'autant qu'ils ne vous mettent point à la gêne : sans cela mon but serait totalement manqué ; car, vous l'avez vu, je ne recherche qu'à vous faciliter les choses et à vous donner pour tout la voie la moins fatigante..... »

Cette amoureuse tendresse du fils pour la mère, cet attachement à la famille n'éteignaient pas dans le jeune Lavialle l'ardeur de certaines aspirations qui s'élevaient dans son âme généreuse. Il était sur le chemin de sa destinée, mais il n'était pas encore arrivé. Il le sentait, car son cœur n'était pas satisfait. Il méditait et demandait à Dieu de lui faire connaître sa volonté, lorsqu'une circonstance, fortuite en apparence, vint tout déterminer.

Le 26 juin 1843, le généreux abbé écrivait à son père :

« Voici, mon Père, une circonstance très heureuse pour moi. Vous avez dû apprendre l'arrivée prochaine de Mgr Chabrat, évêque missionnaire. Je viens d'avoir la satisfaction très grande de le voir. Le 11 ou le 12 de ce mois, il est arrivé au Séminaire de Saint-Sulpice, où il a logé. Je lui ai demandé sa bénédiction, en qualité d'un de ses cousins d'Auvergne. Je vous laisse à penser le plaisir que j'ai eu de le voir et de converser avec lui ; lui aussi partageait mon contentement, comme il me le disait avec la plus grande amitié. Il m'avait, disait-il, laissé à Surgères, petit enfant d'un an, et il me retrouvait à Paris, au Séminaire. J'ai pu le voir trois ou quatre fois, toujours avec un nouveau plaisir, et toujours aussi j'étais reçu avec une nouvelle cordialité. Il me demandait beaucoup de vos nouvelles, et nous causions tantôt de l'Auvergne, tantôt de l'Amérique. Je lui ai servi la messe, et j'ai eu le bonheur de recevoir de sa main épiscopale la sainte communion ; je n'ai jamais vu tant de simplicité, de douceur et de bonté. C'est bien sans crainte et sans timidité que vous pouvez aller le voir ; vous trouverez en lui le missionnaire que vous avez vu il y a vingt-deux ans. Il est parti de Paris le 19 du présent mois pour Angers. Il ira ensuite en divers autres endroits et arrivera à Mauriac dans une quinzaine de jours environ ; il doit en repartir au bout de quatre ou cinq semaines, repasser à Paris vers la fin d'août et se rembarquer au Hâvre au mois de septembre. Il va donc revoir son père et sa mère, âgés l'un de 83 ans et l'autre de 86 ans. Ils désespéraient probablement de le revoir ; quel bonheur pour eux ! Ne vous viendra-t-il pas en pensée, mes chers parents, que je pourrais bien vouloir le suivre en Amérique ! Vous vous en remettrez à la Providence, et en cela vous ferez bien. »

Cette lettre jeta l'émoi dans la famille Lavialle. L'arrivée de Mgr Chabrat à Chambres et les quelques paroles qu'il laissa échapper à ce sujet dans le village augmentèrent l'inquiétude. Le jeune abbé crut devoir rassurer ses parents ou plutôt les informer de la simple vérité dans les bruits qui circulaient.

Dans la lettre du 29 août, après les conseils à sa mère que nous avons redits plus haut, il ajoute :

« Quant à l'affaire principale, qui est de vous dire s'il est vrai que je me propose de suivre Mgr Chabrat en Amérique, voici la vérité. J'étais encore à Saint-Flour quand l'idée me vint que je devais peut-être aller aux Missions du Nouveau-Monde. Tout naturellement l'arrivée de Mgr Chabrat a réveillé cette idée en moi ; je lui en ai fait part, en même temps que d'une autre qui va de pair avec celle-là ; je lui lui ai demandé ses conseils. Il a conclu, comme moi, que je devais tout décider devant Dieu : c'est ce que je fais. Mais il n'y a aucune détermination prise ; et, si je n'ai pas de manifestation plus expresse de la volonté divine, je regarderai certainement mon idée comme non avenue. Mais croyez que c'est dans le plus grand calme, le plus parfait sang-froid et sans le moindre enthousiasme que j'examine cette importante affaire ; je ne cherche qu'une chose : l'accomplissement des desseins de la Providence. Que je m'éloigne de mes parents ou que je revienne dans mon diocèse, peu m'importe, pourvu que je fasse la volonté de Dieu ; je suis prêt à tout, et peut-il y avoir un bon prêtre sans ces dispositions? Or, ma chère Mère, mes bons parents, vous désirez de tout cœur que je sois un bon prêtre ; eh! bien, ne vous inquiétez donc pas de mon éloignement probable. Je reçois du reste avec beaucoup de soumission les remontrances que vous m'adressez et qui sont très fondées en prudence et en sagesse. Allons, ma bonne Mère, ne nous laissons pas abattre par des craintes. Je suis assuré que, si Dieu m'envoie en Amérique, il vous donnera assez de force pour supporter les douleurs de la séparation..... »

Peu de jours après le départ de cettre lettre, le travail de Dieu était achevé dans l'âme du jeune homme ; le Maître des destinées avait clairement parlé. Et, le 7 septembre, le pauvre enfant annonçait, l'âme émue, à sa famille éplorée l'arrêt de Dieu sur lui :

« Voici, mes chers parents, qui est arrêté pour la plus grande gloire de Dieu. Décidément, avec votre permission et celle de Mgr de Saint-Flour, je m'en vais faire une tournée en Amérique. En cela je ne suis pas une idée passagère et sans fondements, mais une vocation reconnue certaine par les voies ordinaires que Dieu donne. Dès lors pourrais-je reculer sans me rendre coupable d'une impardonnable lâcheté et sans danger pour le salut de mon âme? Je ne le crois pas ; et voilà pourquoi je vais avec courage et confiance là où le Ciel m'appelle. Au reste, mes bien-aimés parents, vous n'auriez pas été contents de moi quand même je serais resté dans le diocèse de Saint-Flour, car mon intention était de demander la paroisse la plus délaissée, la plus pauvre, pour y vivre autant que possible en vrai missionnaire. Des secours en argent, vous savez bien qu'il ne faut pas en attendre des prêtres de notre maison, et heureusement pour nous tous ! D'ailleurs j'aurais bien eu de la peine à rester dans le ministère de notre diocèse ; je serais entré plutôt dans un ordre religieux, et alors j'aurais été également séparé de vous tous..... »

Tout était donc fini ; le neveu de cinq ou six missionnaires partait pour les Missions. Le bon père Lavialle prophétisait quand il disait, au départ de son fils pour Paris : « Il part, mais il ne reviendra pas ! » Le fils lui-même en avait eu le pressentiment. Voici ce qu'il écrivait à sa famille, quelque temps après son arrivée en Amérique :

« Ma détermination une fois prise, à Paris, il se présentait à mon esprit des circonstances assez curieuses, que voici. Lorsque je fus parti de Saint-Flour, j'appris, pendant les vacances, que le bruit avait couru au Séminaire que je devais aller à Paris et, de là, probablement, avec mon cousin, aux Missions d'Amérique ; et pourtant je n'avais parlé à personne d'une pareille intention. Il m'était souvent venu indélibéremment à l'esprit que je finirais par voyager sur mer, que je me trouverais un jour loin de la France, au milieu d'un monde nouveau. Enfin, partant pour Paris et m'occupant sérieusement alors de ma vocation, très incertaine encore, je me dis plusieurs fois : Patience, il se présentera peut-être tout à coup quelque circonstance qui décidera cette question. D'autres fois je me prenais à dire : Si mon cousin arrivait par hasard d'Amérique, ne devrais-je pas regarder cette circonstance comme ménagée par la Providence pour me déterminer à partir ! Je ne veux point voir là des prédictions ; mais j'avoue que je me suis arrêté attentivement à ces souvenirs. Ce qu'il y a eu toujours en moi de constant, c'est l'impulsion à quitter notre diocèse, où je me voyais entièrement inutile. Veuillez, mes chers parents, reconnaître en tout cela l'œuvre de la Providence ; il m'est impossible à moi de ne pas l'y voir..... »

CHAPITRE IV

M. l'abbé Lavialle console ses parents. — Le départ. — La mer. — Arrivée à New-York.

Sûr de la volonté de Dieu, M. l'abbé Lavialle fait ses préparatifs de départ. Au moment de quitter pour toujours cette heureuse solitude de Saint-Sulpice, le 18 septembre 1843, il écrit à sa famille la lettre suivante :

« Mes chers parents, j'ai reçu votre lettre avant-hier : elle est bien touchante et bien forte ; mais, puisqu'elle ne me fait pas changer de détermination, vous pouvez conclure avec moi que c'est réellement une vocation divine qui me mène aux Missions d'Amérique. Oui, mes bons parents, il en est ainsi ; veuillez bien raisonner un peu avec moi, en imposant silence aux sentiments de la nature. Vous savez combien je vous aime, combien je suis sensible à tout ce que vous avez fait pour moi, pour mon éducation, pour mon bonheur ; combien je participe à vos peines et combien je vous désire tranquillité et bonheur ! Croyez-vous qu'avec un pareil amour dans mon cœur je puisse m'éloigner de vous sans d'impérieuses raisons et de graves motifs ? Soyez certains que jamais un caprice, une idée passagère ne m'eût déterminé à vous quitter, vous, mes parents bien-aimés, qui êtes tout mon trésor sur la terre ; soyez persuadés qu'il faut que je sois déterminé par des marques sûres de la volonté de Dieu. Dès lors qui oserait se plaindre ? Je vous appartiens, il est vrai ; mais avant tout nous appartenons à Dieu, qui nous a tout donné et qui seul peut nous rendre heureux. En outre, ce n'est pas un petit honneur qu'il fait à un homme en le choisissant pour l'envoyer travailler à son œuvre chérie de la conversion des âmes ; ce n'est pas également un petit honneur qu'il fait à une famille en prenant dans son sein un de ses membres pour en faire un apôtre. Allons, mes chers parents, soyons forts en la Providence, qui fait tout pour le plus grand bien. Je sens ma confiance augmenter à mesure que le départ approche...

« Et toi, mon cher avoué, je t'afflige donc bien en te quittant ; la douleur que tu m'exprimes d'une manière si touchante m'a navré. Mais ayons courage ; tu es où la Providence te voulait, et, moi, je vais où elle me veut : à cela est attaché pour l'un et l'autre le bonheur. Soyons donc pleins de confiance. Je te reverrai et je te trouverai heureux, et alors nous nous féliciterons mutuellement de notre bonheur. Adieu. »

Il y a deux manières d'aimer ses parents : une manière humaine et une manière divine. Les aimer humainement, c'est les aimer au détriment du bien spirituel des uns et des autres, au risque de manquer sa vocation et de perdre son âme ; c'est les aimer d'un amour terrestre, déréglé, désordonné, en vue de quelque intérêt temporel ; cet amour humain, quand il n'est pas mélangé d'un peu d'amour divin, est illégitime et condamné. Aimer les parents divinement, d'un amour divin, c'est les aimer en vue de plaire à Dieu et pour Dieu, de manière à ne point risquer son salut, sa vocation ; c'est prier pour eux, les consoler, les aider dans leurs besoins matériels ou spirituels, mais de manière à ne pas nuire à ses propres intérêts spirituels ni aux leurs ; c'est faire passer le ciel avant la terre, Dieu avant la famille, sans répudier complètement la terre et la famille. L'amour divin est le véritable amour, le seul légitime.

M. l'abbé Lavialle aimait ses parents d'un amour divin ; voilà pourquoi il ne balança pas un instant à les quitter pour Dieu. Son sacrifice même augmenta cet amour, qui devint chaque jour plus vif, parce qu'il devint chaque jour plus pur.

Aucune considération ne put donc le retenir, et le 18 septembre 1843, après un séjour d'un an à Saint-Sulpice, riche d'espérance et d'enthousiasme apostolique, il quitta Paris, fit ses adieux à ses amis et se rendit au Hâvre, où l'attendait Mgr Chabrat. Là, il écrivit, le 23 septembre, à son oncle, alors aumônier de Notre-Dame, à Mauriac :

« Mon cher oncle, je suis au Hâvre depuis le 18 de ce mois. J'y ai trouvé Mgr Chabrat, qui m'avait quitté à Paris, depuis dix ou onze jours, pour aller à Angers et en Bretagne...

« Le vaisseau qui doit me porter en Amérique part demain, et il sera environ trois semaines ou un mois en traversée.

« En attendant, j'ai l'avantage d'être logé au milieu des pauvres et des malades, à l'Hospice, qui est le logement ordinaire des missionnaires de passage au Hâvre. Là, retiré et loin du bruit de la ville, j'ai tâché de me préparer à mon départ par le recueillement et la prière. Je suis allé souvent voir la mer; c'était la promenade favorite du bon évêque, qui éprouvait une grande joie à la vue d'un bâtiment américain partant du Hâvre ou y arrivant.

« Je ne m'ennuierai pas durant la traversée. J'étudierai l'anglais, et je trouverai ma félicité dans les entretiens intimes avec le divin Maître.

« Et vous, mon cher oncle, il est donc vrai que vous êtes contristé de mon départ; je le présumais, connaissant l'attachement sincère et tendre que vous me portez. Dieu et la Sainte-Vierge vous consoleront; je leur demande cette grâce chaque jour. Ma détermination a été prise avec prudence; la volonté de Dieu est là. Je vous en prie, mon cher oncle, consolez un peu mon père, mes frères, surtout ma bonne mère.»

Mgr Chabrat s'embarqua au Hâvre, le 20 septembre, et passa en Angleterre, où des affaires l'appelaient; de là, il fit voile pour l'Amérique.

Son cousin, M. Lavialle, monte à son tour sur le vaisseau qui devait l'emporter et où se trouvaient environ cent passagers, parmi lesquels un jeune Espagnol, clerc tonsuré, qui partait aussi pour les Missions, et trois religieuses de Bretagne, que le coadjuteur de Mgr de Louisville avait recrutées pour son lointain diocèse. Il ne devait retrouver Mgr Chabrat que dans le Nouveau-Monde.

Quatre jours après le départ de ce dernier, le 24, un dimanche, après la sainte messe et la communion, M. Lavialle prend la haute mer, heureux d'être enfin sur la route de sa destinée définitive. A mesure qu'il s'avance dans les plaines incommensurables de l'Océan, son imagination s'agrandit avec l'espace et sa pensée monte, plus amoureuse, vers le ciel, qui s'étend plus large sur sa tête.

« Nous partîmes, écrivait-il à son arrivée dans le Nouveau-Monde, nous partîmes, ne comptant en apparence que sur ce qu'il y a de moins solide, sur l'air et sur le vent ; mais, dès lors, c'est compter sur un rien. Aussi je crois qu'en réalité je ne comptais que sur la Providence, qui m'envoyait. Oh ! comme l'âme chrétienne sent le besoin de s'élever vers Dieu quand elle voit toutes choses s'éloigner : terres, habitations et habitants ! mais aussi comme elle se trouve là en repos et pleine de confiance ! Je laissais en France des créatures bien chères ; j'en confiai la garde à Dieu, et je partis sans crainte. Nous pûmes voir les côtes de la France toute la première journée ; mais le lendemain matin, au lever, plus de terre : la mer de tous côtés, et ainsi jusqu'à l'Amérique. Rien peut-être de plus majestueux que cette vaste plaine d'eau que l'on aperçoit à trois ou quatre lieues à la ronde, plaine mouvante, sans cesse agitée et soulevée par le moindre souffle de vent. »

Cette chère France, ces parents bien-aimés, cette mère qui pleurait, il ne devait plus les revoir ! Il s'en allait où Dieu l'appelait, accomplir, il ne savait où, sa divine destinée. Ranimé par les saintes ardeurs de la foi, occupé des horizons nouveaux qui s'ouvraient devant lui, soutenu par les magnanimes espérances de faire quelque bien, il ne craignait ni le mugissement des vagues ni la profondeur des abîmes. Il voit quelques vaisseaux passer au loin, beaucoup de poissons, de rares oiseaux, et enfin, après une navigation de vingt-sept jours, il aperçoit, au matin du 21 octobre, les côtes désirées du continent américain ; à dix heures, il débarquait à New-York. Il met, tout ému, le pied sur le sol du Nouveau-Monde, sa patrie d'adoption ; il rend grâce à Dieu de son arrivée heureuse et lui consacre à l'instant sa vie et ses travaux de l'avenir.

CHAPITRE V

M. Lavialle arrive au Kentucky. — Il se prépare à l'ordination. — Ses pieuses considérations sur le sacerdoce. — Les joies de son âme après qu'il a reçu le sacrement de l'Ordre.

M. l'abbé Lavialle trouve à New-York Mgr Chabrat, arrivé depuis peu.

Après trois jours de repos, les deux voyageurs et les trois religieuses de Bretagne quittent cette cité américaine, le 24 octobre, et, par chemin de fer ou en bateau à vapeur, ils arrivent, le 29 du même mois, à Louisville, où ils sont reçus avec une joie sincère et une grande cordialité.

On laisse au nouveau venu quelques jours de loisir. Il en profite pour jeter ses premiers regards sur le pays, pour en examiner les mœurs, les usages et les beautés. Il fait quelques courts voyages avec Mgr Chabrat, noue quelques relations avec les Américains et le clergé de la ville.

Il y avait alors cinquante prêtres dans le Kentucky. Louisville, la cité la plus considérable, située sur les rives de l'Ohio, avait 30.000 habitants, dont huit ou dix mille catholiques; ceux-ci possédaient deux églises : l'une était desservie par un seul prêtre, et l'autre, la cathédrale, par trois prêtres formant, avec le coadjuteur, tout le chapitre de l'évêque.

Après un mois de repos, M. Lavialle fut envoyé au Grand-Séminaire, à Saint-Thomas, pour y étudier l'anglais et s'y préparer au sacerdoce : il n'était encore que diacre. D'une excessive délicatesse de conscience et d'une piété profonde, il redoutait cette dignité sainte, qui demande de si hautes vertus. Il se prépara à l'ordination avec une ferveur remarquable, ayant la plus haute idée de la dignité sacerdotale et des devoirs qui incombent à ceux qui en sont revêtus.

« Il n'en est pas de l'état ecclésiastique comme des autres, disait-il ; le prêtre n'est pas prêtre pour lui-même, mais pour les âmes et pour Dieu. Il n'est pas prêtre pour lui-même : donc, il ne doit pas consulter ses goûts, son agrément, ses affections, mais aller partout, quels que soient les sacrifices qu'on exige de lui ; il n'est pas prêtre pour ses parents : donc, il ne doit pas hésiter à s'en séparer, mais, au moindre signe de la volonté du divin Maître, tout quitter et partir.....

« Je me sens véritablement effrayé à l'approche de cette ordination qui doit me conférer un caractère éternel et une dignité sublime. Que me reste-t-il à faire, si ce n'est m'anéantir dans mon humilité et me jeter dans les bras de mon Dieu, sans volonté, sans esprit propre, comme un instrument livré à son usage... » (1)

Dans une lettre à son oncle, du 17 décembre 1843, il dit :

« Je recommande l'importante cérémonie de mon ordination à vos bonnes prières, mon cher oncle. Ah ! veuillez demander à Dieu tout ce que vous savez être nécessaire à un ecclésiastique dans une si solennelle circonstance et ce que vous savez m'être le plus utile. Puissé-je être un prêtre tout à fait selon le cœur de Dieu, entièrement et uniquement dévoué à sa gloire et au bien spirituel des âmes ! Il me semble

(1) Lettres à son frère et à son oncle.

avoir compris, dans la sainte maison de Saint-Sulpice, que ce qui doit dominer dans un prêtre, c'est la piété, le zèle, la ferveur, plus que la science et les qualités intellectuelles ; je désire de tout mon cœur être toujours une application vivante de cette vérité.....

« Voilà donc encore une fois accordés à la famille Lavialle l'honneur et le bonheur d'avoir un prêtre ! pensée qui vient encore augmenter ma reconnaissance, en même temps qu'elle ranime en moi le désir de marcher sur les traces des saints prêtres qu'on a eu à vénérer dans notre famille privilégiée..... »

M. l'abbé Lavialle fut ordonné prêtre par son cousin, Mgr Chabrat, le 2 février 1844, fête de la Purification de la Sainte-Vierge, avec trois jeunes Irlandais. En prêtre vraiment pieux, il n'oublia jamais le jour heureux de sa promotion au sacerdoce ; il en célébra toujours l'anniversaire avec une foi vive et une sainte joie. C'est ce qu'il nous apprend lui-même, dans une lettre, du 4 février 1847, à son oncle le chanoine :

« Avant-hier, dit-il, 2 février, était un joyeux anniversaire pour moi : celui de ma promotion au sacerdoce, que j'ai le bonheur de célébrer tous les ans, le jour de la fête de la Purification de la Sainte-Vierge. Douze ans auparavant, à pareil jour, il m'avait été donné de faire ma première communion, au Petit-Séminaire de Pleaux. Ainsi la fête dans laquelle je fus assez heureux pour recevoir Jésus-Christ pour la première fois a été précisément celle où j'ai été investi du pouvoir sublime de faire descendre Dieu sur l'autel dans son sacrement d'amour. Les deux plus grands actes de ma vie ont donc été accomplis un jour de fête de la Sainte-Vierge; j'aime à croire que cette puissante et bonne Mère a bien voulu se mêler de ces choses et prendre en mains quelques-uns de mes intérêts. Veuillez, mon cher oncle, implorer souvent pour moi sa protection et demander à Dieu, au saint Sacrifice, de me rendre un prêtre selon son cœur. Vous m'aviez souvent dit, par écrit et de vive voix, que tout ce que vous désiriez était que je fusse un saint prêtre. A ce sujet, vous m'avez, avec zèle et affection, donné de sages et utiles avis. Puissé-je en profiter ! J'espère que Dieu m'en fera la grâce, assuré que je suis que vous prierez toujours pour moi. »

Quatre jours après son ordination, tout surabondant de joie, il écrit à son père, à sa bonne mère, à ses frères, toujours inconsolables de son départ, une lettre pleine de tendresse pour les consoler et leur dire son bonheur :

« Je viens, mes chers parents, le cœur plein de reconnaissance et de joie, vous annoncer que le grand acte de mon ordination est accompli. J'ai l'inestimable bonheur d'être prêtre depuis quatre jours, prêtre ordonné par un cousin, un jour de fête de la Sainte-Vierge, moi qui ai été baptisé un jour de fête de la Sainte-

Vierge, qui ai fait ma première communion un jour de fête de la Sainte-Vierge, qui ai reçu le sous-diaconat, le premier engagement irrévocable dans l'état ecclésiastique, un jour de fête de la Sainte-Vierge ! Toutes les grandes solennités de ma vie ont eu lieu un jour de fête de la Sainte-Vierge ! Heureuse coïncidence qui parle à mon cœur et dont je bénis le divin Maître, car, et on le sait en France mieux qu'ailleurs, le patronage de Marie-Immaculée est toujours marqué de bienfaits particuliers, de grâces spéciales. Donc, grand sujet de gratitude et de confiance pour moi, et pour vous, mes bons parents, grand sujet de tranquillité et de sécurité sur mon compte ! Je suis prêtre ! Oh ! lorsque je me suis vu admis dans ce ministère si sublime, si grand, qui me met en communication si intime avec Dieu, en participation si large de tous ses biens, qui me rend le dépositaire de sa puissance et de ses grâces en faveur des chères âmes de Jésus-Christ, il m'a semblé que tout en moi a été humilité profonde et reconnaissance vive ! Et pourrai-je m'abaisser assez, à la vue de tant de misère d'un côté et d'élévation de l'autre ? Pourrai-je jamais avoir assez de reconnaissance envers Dieu, qui a bien voulu me choisir ; envers vous, mes chers parents, qui m'avez mis dans la voie d'une si belle destinée ; envers vous, mon bon oncle, qui avez eu pour moi tant de sollicitudes et fait tant de sacrifices ; envers tous ceux qui, par leurs conseils ou leur direction, ont contribué, dans les Séminaires ou ailleurs, à me former à l'esprit et à la science ecclésiastiques ? Aussi, sur le point de monter au saint autel pour la première fois, ai-je senti vivement le besoin d'offrir le divin sacrifice pour tous ceux-là.

« C'est donc un grand bonheur pour moi d'être prêtre, et la foi nous permet de croire que c'est un grand avantage pour vous, mes bons parents. A Dieu ne plaise que je prétende me prévaloir d'un tel privilège ; mais je parle ainsi pour vous suggérer les motifs de consolation que la foi donne et les motifs de confiance que les grands mystères du sacerdoce inspirent. Oui, il nous est permis de croire que des bénédictions spéciales sont accordées à une famille qui a donné un prêtre à l'Église, surtout un missionnaire. Oh ! mes chers parents, ayez confiance au Sacrifice divin que votre fils offrira souvent pour vous du fond de l'Amérique ; ayez confiance, mon cher père, ma chère mère : cette confiance portera la paix dans vos âmes, et vous ne manquerez pas d'en recueillir les fruits dans l'autre vie. Si Dieu vous appelle à Lui avant moi, mourez en paix et ne craignez pas que ce fils ne prie point pour vous, car je prierai au saint autel et le saint Sacrifice sera souvent offert pour vous.

« Et vous, mes frères, ayez confiance aussi au saint Sacrifice que votre frère offrira pour vous, dans l'attachement inviolable et l'amour fraternel qu'il vous portera toujours. Cette confiance aura d'heureux effets pour vous et ne pourra que grandir le bonheur de votre vie.

« Au moins, me disais-tu, mon cher avoué, « dans ta dernière lettre de Paris, au moins, si « les parents sont privés de toi, qu'ils ressen- « tent les effets de tes prières ! » Eh bien ! j'espère que cela aura lieu, maintenant que la bonté de Dieu a bien voulu me faire son pauvre prêtre, car je prierai sans cesse pour vous tous de tout mon cœur. » (Lettre du 6 février 1844.)

Dans une autre lettre à la famille, écrite le 14 mars 1844, le jeune prêtre dit :

« Oh ! mes chers parents, si vous pouviez un moment ouvrir pleinement vos cœurs aux motifs de consolation que je vous ai indiqués dans ma dernière lettre ; si, imposant silence à la nature, à votre douleur, à votre regret de mon départ, vous pouviez oublier la distance qui sépare de vous un fils, un frère bien-aimé, et considérer seulement que ce fils, que ce frère est admis dans le saint emploi de missionnaire, élevé au sublime état du sacerdoce et devenu ministre intime de Dieu, trois fois grand ! quelle confiance, quelle joie paisible il vous en adviendrait ! que de grâces et de bénédictions pour vos âmes ! car la prière que le missionnaire offre au Ciel, du fond d'un lointain univers, pour des parents chéris qu'il a quittés à la grande douleur de son cœur, pour le salut des âmes et la gloire de Dieu, ne peut pas être sans effets ! Mais j'ai la peine de voir dans votre lettre que vous êtes tout aussi vivement affectés que jamais de mon éloignement. Il m'est sans doute aisé de concevoir votre chagrin, sachant combien je vous suis cher ; j'espérais cependant que les raisons si vraies, si fondées, que je vous apportais dans mes premières lettres, vous auraient persuadés et calmés. Je n'en ai point d'autres à vous soumettre et je me contenterai de vous dire : Tâchez, je vous en prie, mes chers parents, pour votre bonheur, de vous résigner à la volonté de Dieu, l'auteur de vos peines ; elles vous seront beaucoup plus douces, si vous les recevez comme venant de sa main. Le sacrifice de votre fils, si vous le faites généreusement, ne peut pas être sans fruit ; le Dieu de toute bonté ne saurait l'oublier. Ce fils que vous regrettez tant, ce frère que vous seriez si heureux d'avoir auprès de vous, c'est à Dieu que vous le donnez, à ce Dieu qui a promis de récompenser un verre d'eau froide donné à un pauvre. Or, ce n'est pas un verre d'eau que vous donnez aux pauvres âmes d'Amérique : c'est un fils, un frère ! Ah ! voilà les belles pensées que la foi nous suggère, pensées bien capables de porter dans l'âme chrétienne la confiance et la joie.

« J'ai été tout réjoui et consolé, mon cher avoué, en voyant dans ta lettre, à la suite de l'expression attendrissante de ta douleur et de celle des autres cœurs dont tu étais l'organe, que tu aimais à te reposer sur la religion et à y chercher le remède à toute peine : tu l'y trouveras infailliblement. Et toi, mon cher Louis, tu l'y trouveras aussi, si tu l'y cherches, comme je te l'ai dit souvent. Quant à vous, mon cher père, je ne doute pas que votre voyage à Saint-Flour ne vous ait vivement rappelé mon souvenir. Je suis presque fâché que vous ayez été obligé de le faire, car la vue des lieux que j'avais habités n'a pu qu'augmenter votre peine.

« Vous ne pouvez pas, dites-vous, mon cher père et ma chère mère, me pardonner de vous avoir quittés, malgré le désir que vous en auriez ; il vous semble que c'est au point que vous ayez à craindre d'offenser Dieu. Je ne crois pas assurément que vous l'offensiez, car Dieu sait bien ce que c'est qu'un cœur de père et de mère ; il s'attendait à tout cela de votre part, lorsqu'il se disposa à m'éloigner de vous, et, si ce n'était un langage trop familier, je dirais qu'il est accoutumé à soutenir fréquemment de pareils assauts dans le pays privilégié de France, où il fait chaque année un nombreux recrutement de jeunes ouvriers pour des régions lointaines, où sans eux bien des âmes se perdraient. Avez-vous le désir de me pardonner ? c'est assez, car par là même le pardon est accordé. Tâchez cependant de redire du fond du cœur cette belle et chrétienne parole, que je trouve dans votre lettre : « Puisque « c'est Dieu qui a voulu et commandé ton éloi- « gnement, que ce soit pour ton bonheur et « pour le nôtre ! Puisses-tu faire beaucoup de

« bien parmi les âmes ! » Ah ! veuillez répéter souvent devant Dieu, à travers votre douleur, de tels souhaits, de tels vœux, car ils seront pour le missionnaire une pieuse bénédiction, et il vous en reviendra à vous de la consolation et du calme..... »

CHAPITRE VI

Travaux de M. Lavialle. — Une scène attendrissante.

Après quatre mois de séjour à Saint-Thomas, M. Lavialle fut rappelé auprès des évêques ; mais, avant de rentrer à Louisville, il voulut parcourir le pays, en connaître les mœurs et les usages et « essayer son anglais de quatre mois ». Il se met donc en route à travers les forêts et les plaines, allant de communauté en communauté. Il visite d'abord un collège de Jésuites, puis plusieurs couvents, et partout il est reçu avec une joie qui l'émeut et des honneurs qui l'étonnent. Laissons-le lui-même nous raconter les divers incidents de ce voyage de vingt-deux lieues. Le 28 avril 1844, il écrivait à sa mère :

« Ma chère Mère,... Mgr Chabrat était depuis longtemps le grand aumônier et le supérieur des couvents que je visitais lorsqu'il fut nommé évêque, et il en était le supérieur bien-aimé. C'est pourquoi, depuis qu'on avait appris qu'il avait mené un cousin de France, on brûlait de voir ce cousin. L'ayant su, je m'empressai de leur procurer ce plaisir aussitôt que je crus savoir l'anglais d'une manière suffisante, espérant d'ailleurs trouver pour moi-même une religieuse satisfaction dans ces maisons de Dieu.

« La joie qu'y causait mon insignifiante personne était en vérité un peu extraordinaire, ainsi que la réception qu'on m'y faisait. C'était la réception d'un visiteur général ou d'un envoyé de l'évêque. Je leur disais en toute simplicité que je n'avais aucune mission, que j'étais trop jeune pour régler quoi que ce fût dans leur maison : protestations inutiles. Je finissais par dire que pourtant j'acceptais les honneurs qu'on me faisait avec la plus vive reconnaissance, mais comme offerts à leur ancien supérieur, dans la personne de son cousin.

« C'était donc, après quelques moments de repos, à visiter les jeunes élèves, qui m'attendaient en silence dans une salle ; puis voir les novices, puis les religieuses, puis à entendre du chant, de la musique, et cependant ce visiteur, ce n'était qu'un jeune et tout petit Français qui n'avait que l'anglais de quatre mois. Avec son anglais de quatre mois, il exprimait, comme il pouvait, assez au long et avec effusion de cœur la satisfaction qu'il éprouvait. Partout je donnais une commission aux enfants, celle de demander à Dieu pour moi la grâce d'apprendre leur langue bien vite, afin de pouvoir au plus tôt me sacrifier pour le bien spirituel des âmes d'Amérique, pour lesquelles j'avais quitté la France. Dans une de ces maisons, les enfants parurent vivement émues de ces dernières paroles et s'écrièrent : « Oui ! oui ! nous prierons pour vous ! » Ce voyage fut pour moi une source de religieuse jouissance et d'édification, car l'esprit de Dieu est dans ces maisons..... »

De retour à Louisville, M. Lavialle fut nommé secrétaire de l'évêché pour les affaires de France, aumônier du Bon-Pasteur et prêtre auxiliaire à la cathédrale. Il allait, en outre, deux ou trois fois la semaine, dire la messe et prêcher dans un orphelinat ; puis, de temps à autre, on l'envoyait visiter les établissements religieux.

Le jeune prêtre s'acquittait de toutes ces fonctions avec une ardeur, un zèle, une modestie, une piété qui touchaient, édifiaient les Américains. Ils l'aimaient, ce pauvre enfant qui avait tout quitté pour eux. Quand il passait dans les rues de Louisville, les enfants venaient lui prendre et lui baiser les mains ; il leur distribuait des images et des médailles qu'il avait apportées de France.

Mgr Flaget le chérissait comme un fils. Ce vénérable vieillard de quatre-vingts ans lui avait donné une chambre rapprochée de la sienne ; il le prenait pour réciter l'office, pour aller en visite ; il ne voulait point d'autre servant de messe que lui.

M. Lavialle, de son côté, avait pour l'auguste vieillard une vénération profonde : ils s'aimaient comme deux saints. C'étaient, en effet, deux saints : l'un qui s'en allait et l'autre qui venait.

« Mgr Flaget, écrivait, en 1843, M. Lavialle à son oncle le missionnaire, quoique ayant complété au mois d'octobre l'âge de quatre-vingts ans, jouit encore d'une bonne santé et du parfait usage de ses facultés. On a souvent la consolation de le voir parcourir les missions ou congrégations à cheval, comme dans sa jeunesse, et c'est toujours en donnant partout l'exemple de toutes les vertus, de la ferveur et de la piété d'un saint.

« Je prends grand plaisir à m'entretenir avec lui, à lui demander conseil ; je trouve de précieux avantages dans ses conversations et dans sa direction, car il a bien voulu devenir mon directeur.

« Mgr Chabrat va très bien. Ce sont deux évêques qui ont l'un et l'autre une rare santé, et c'est sans doute parce qu'ils sont deux hommes de sobriété, de frugalité et d'activité. »

Peu de temps après le jour où fut écrite cette lettre, Mgr Chabrat ressentit les premières atteintes de son mal d'yeux, qui, empirant peu à peu, l'obligea à s'embarquer pour la France. Il partit en septembre 1844.

Les parents de M. Lavialle avaient espéré que leur fils reviendrait en Europe avec son cousin. Ils se trompaient : le jeune missionnaire était loin d'un pareil dessein. Dans une lettre à sa famille, que Mgr Chabrat emporta, il disait :

« Mes chers parents,... dans une lettre, je vous annonçais que Mgr Chabrat irait probablement faire un voyage en France, à cause de la maladie de ses yeux. Je vous priais de ne pas même désirer que j'allasse vous voir, et cela pour des raisons bien simples. J'aurais mauvaise grâce de vouloir m'absenter de cette Mission, lorsque j'ai à peine fait quelque chose pour elle, et je serais bien imprudent de suspendre l'étude de la langue du pays, au moment où je puis recueillir le fruit de mon application. »

Dans une lettre à son frère l'avoué, en date du 7 novembre 1844, après le départ de Mgr Chabrat, il ajoute :

« Mon cher frère, j'ai vu avec une grande satisfaction dans vos lettres que vous êtes tous dans un état ordinaire de santé, quoiqu'il ne soit pas pourtant très prospère dans nos bien-aimés père et mère, par suite de leur âge, de leurs travaux et aussi peut-être de la peine que le Ciel leur a envoyée en m'arrachant à eux. C'est une peine, je n'en doute pas, et néanmoins je ne puis pas prendre sur moi, devant Dieu, de suivre une autre voie. C'est une peine ;

mais, si elle arrive par suite de la volonté du Ciel, que pouvons-nous faire, si ce n'est nous résigner ?

« Ce n'est pas que la Providence prenne plaisir à nous envoyer des contradictions ; mais elle a ses desseins divers, desseins de miséricorde et tendant au mieux, quoique souvent cela ne nous apparaisse pas clairement.... Le bien ne peut être obtenu parfois que par la contradiction de nos désirs. Ne faut-il pas que nous nous prêtions à tout, que nous sacrifions notre satisfaction au bon plaisir de Dieu, qui nous le demande toujours pour le plus grand bien ? Qu'ils se jettent donc, ces bons parents, dans ces considérations qui portent la force dans les âmes.

« Quant à nous, mes frères, qui sommes unis par des liens vraiment fraternels, laissons-nous aller à la générosité et au courage que la foi donne.... Poursuivons avec sagesse, honneur et constance la voie où la Providence nous place, afin qu'un même terme nous réunisse avec ceux qui font notre bonheur ici-bas.

« Mon cher avoué, j'ai la confiance que tu es dans l'accomplissement de ta destinée ; j'espère conséquemment que ton avenir aura des consolations, pourvu que tu sois inébranlable dans les principes religieux qui ont toujours fait la gloire de notre famille. Tu es heureux d'avoir commencé ta course, appuyé sur ces principes et en les pratiquant ; puisses-tu n'en jamais dévier ! »

A l'occasion du départ de Mgr Chabrat, eut lieu une scène attendrissante, que M. Lavialle raconte ainsi à sa famille, dans sa lettre du 15 août 1844 : c'était avant le départ du coadjuteur :

« Figurez-vous, mes chers parents, dit-il, un grand et beau vieillard de quatre-vingt-un ans, à cheveux blancs, conservant dans tout son port la majesté de l'homme à la fleur de l'âge unie à l'amabilité d'un saint, la gaieté toujours sur la figure, le sourire toujours sur les lèvres ; figurez-vous ce vieillard intéressant passant dans les rues de Louisville, appuyé sur un jeune homme qui semble tout content de lui donner son bras ; écoutez avec respect sa conversation toujours doucement animée : c'est Mgr Flaget et celui qui vous écrit, revenant de visiter une école, un asile d'orphelins, une maison de pénitence.

« Un jour, nous revenions d'une de ces visites. Il s'était agit, en allant, du prochain départ de Mgr Chabrat. « Je voudrais bien vous faire « une question, » me dit tout à coup le saint vieillard en souriant et s'appuyant un peu plus fort sur mon bras, « et je voudrais bien avoir « votre réponse..... Êtes-vous venu pour les « Missions d'Amérique, ou seulement pour « votre cousin ? » Et, comme je me tournai vers lui en souriant aussi : « Je puis bien », ajouta-t-il, « vous dire le motif de ma question : « c'est que, si vous êtes venu pour votre cou-

« sin seulement, vous allez me quitter pour « partir avec lui. »

« Ma réponse était facile : elle fut précise. Quitter mon diocèse avait été pour moi une question de vocation ; la considération de la compagnie de mon cousin n'avait servi qu'à déterminer le pays de mission où je pourrais aller. « Son retour dans mon pays ne peut rien « changer. »

« Le vieillard fut heureux de ma réponse, et j'avoue que le cœur du jeune prêtre battit fort pour le vénérable évêque lorsque, dans sa bonté paternelle, il ajouta, en se penchant sur moi avec une affection touchante : « Mon « enfant, je suis heureux de vous voir auprès « de moi ; vous m'aiderez à supporter une nou- « velle privation de mon coadjuteur. »

CHAPITRE VII

Retraites et Missions de M. Lavialle. — Conversions qu'il opère.

Peu de jours après le départ de Mgr Chabrat, en octobre 1844, Mgr Flaget chargea M. Lavialle de prêcher trois retraites au Bon-Pasteur : l'une, en français, aux religieuses françaises, et les deux autres, en anglais, aux religieuses américaines et aux filles repenties. Il n'eut que six jours pour se préparer, et pourtant ce premier essai fut un premier succès.

« Mon cher avoué, écrivait-il peu de temps après, je viens de faire un premier essai de ministère à peine croyable. J'ai donné trois retraites dans un établissement de femmes repentantes, tenu par les Dames du Bon-Pasteur, et cela six jours après avoir été averti. Voilà, mon cher avoué, ce que c'est qu'un pays où les prêtres sont rares. Les évêques n'ont pas à choisir et sont obligés de confier au premier venu ce que, dans un pays comme l'Auvergne, on ne confierait qu'à un jésuite à cheveux blancs; les prêtres n'ont pas alors à hésiter : ils n'ont qu'à se jeter dans les mains de Dieu, comme un instrument à son usage, en le priant de suppléer à tout. Il supplée à tout, en effet, de manière à étonner et à confondre toute raison humaine. O cher frère! quel bon directeur et prédicateur de retraite que Dieu! et quel bon maître d'anglais, quand il a besoin de faire usage de ses écoliers! Je suis maintenant entièrement chargé de cet établissement du Bon-Pasteur; j'y prèche à peu près chaque semaine, en français et en anglais. Il est inutile, après cela, de te dire où j'en suis de cette dernière langue. Je n'ai qu'à vous inviter tous à bénir avec moi l'excellent professeur des missionnaires..... »

Les filles repenties du Bon-Pasteur étaient toutes protestantes; quelques-unes étaient infidèles, c'est-à-dire sans religion aucune. Les instructions de M. Lavialle produisirent de saintes émotions dans les âmes de ces pauvres égarées. Six d'entre elles demandèrent le baptême. Le Père Lavialle les instruisit, les baptisa et en fit de ferventes catholiques.

La conversion de l'une d'elles a quelque chose de trop intéressant pour que je ne la raconte pas avec quelques détails.

Cette jeune fille, âgée de vingt ans, appartenait à une de ces mille sectes protestantes qui pullulent aux États-Unis. Elle était douée d'un caractère heureux ; mais elle ignorait à peu près complètement les vérités de la religion. Plusieurs fois, elle eut occasion de parler à M. Lavialle ; et, comme les conversations du Père lui donnaient de la foi, disait-elle, elle demanda l'autorisation d'assister aux instructions préparatoires que le prêtre faisait à ses compagnes qui voulaient recevoir le baptême et se convertir, quoiqu'elle ne voulût pas, ajoutait-elle, se faire catholique. On le lui permit.

Quelques jours après, M. Lavialle l'ayant rencontrée, lui observa en souriant que, si elle continuait à assister aux instructions, elle pourrait bien s'y laisser prendre ; qu'elle avait donc à se tenir en garde. Fixant alors le Père avec une certaine préoccupation : « Père, dit-elle, je ne puis m'empêcher de trouver vrai ce que vous enseignez, et je crois bien que je me ferais catholique, si je pouvais espérer être assez sage et assez bonne. »

Un soir, dans une instruction sur le sacrement de Pénitence, après avoir démontré de son mieux l'institution divine de la confession, le P. Lavialle en faisait ressortir les avantages, s'étendant sur le soulagement et les consolations que le pécheur y trouve. La jeune fille, tout à coup, se couvre les yeux de ses deux mains, baisse la tête et se met à pleurer.

Le lendemain, après la sainte messe, elle demanda à trouver le Père au confessionnal. C'était, disait-elle, pour lui exposer deux faits de sa vie qui lui pesaient si lourdement qu'elle avait toujours cru qu'elle en mourrait. Elle avait trouvé, ajoutait-elle, dans la doctrine exposée la veille, tout juste ce qu'il fallait pour lui faciliter cet aveu : sympathie dans le confesseur catholique, obligation absolue au secret, avis consolants et encouragement. Ce n'était pas pour se *confesser* qu'elle entrait au confessionnal, mais uniquement pour chercher dans l'aveu de ses fautes une fin à ses remords, tant il est vrai que la confession est un besoin naturel de l'âme !

La jeune fille, en effet, trouva dans ce premier aveu un si grand soulagement qu'elle demanda à faire un aveu général de toutes ses fautes. Elle le fit avec des sentiments de regret et d'humilité vraiment touchants. La grâce agissait peu à peu dans cette âme, et Dieu, en ouvrant ses yeux à la lumière, la faisait monter graduellement jusqu'aux hauteurs de la vérité. La vraie religion trouve ses preuves les plus convaincantes dans le cœur humain. C'était, en effet, dans le fond de son âme que la pauvre fille trouvait la démonstration la plus forte de la nécessité de la confession, et ce fut sans doute ce qui la convertit.

Elle avait fini sa *confession,* lorsque un jour, revenant, elle dit : « Père, je ne vous ai pas encore avoué que je désire être catholique et que je suis déterminée à le devenir? » — « Non, répondit le Père. Et moi, je ne vous ai pas engagée à faire cette démarche, parce que je préférais que ce fût Dieu qui vous en inspira la résolution, et j'avais bien l'espoir qu'il ne tarderait pas à vous y porter ; je le bénis de ce qu'il a déjà fait, et je le prie de vouloir bien achever et confirmer son œuvre. » — « O Père, répliqua-t-elle, il me semble qu'il faut nécessairement que je devienne membre de cette Église qui me paraît irrésistiblement la seule vraie, et je ne désire que recevoir le baptême. » Elle le reçut en effet, le même jour que ses compagnes, avec une foi, une ferveur qui réjouirent Dieu, l'Église et aussi le cœur du jeune prêtre.

Durant le même hiver (1844-1845), M. Lavialle fut chargé d'instruire un jeune homme qui demandait le baptême, un catholique qui n'était pas confirmé et une jeune personne de dix-neuf ans qui n'avait pas fait sa première communion.

Dans le courant de l'année 1845, il ramena dans le sein de l'Église huit personnes du Bon-Pasteur, qu'il baptisa le 16 juillet 1845, fête du

Mont-Carmel, jour anniversaire de son baptême. Ce fut un beau jour pour le jeune missionnaire que celui où tous ces convertis reçurent les sacrements de l'Église ; il oublia alors ses peines, ses fatigues et remercia Dieu de toute l'effusion de son âme.

Cet infatigable jeune prêtre ne se contentait pas de travailler à la conversion des âmes à Louisville, il allait encore faire des missions, ou bien il accompagnait Mgr Flaget dans ses visites pastorales.

« Dernièrement, écrivait-il le 12 juillet 1845, j'accompagnai Mgr Flaget dans une mission où il alla donner la confirmation, et ce fut pour moi une douce jouissance et une grande édification de voir ce saint vieillard de quatre-vingt-un ans au milieu de ses fidèles, de contempler sa bonté, sa simplicité, sa sollicitude paternelle pour eux, en même temps que leur vénération pour lui et leur attachement affectueux. Que l'on est heureux dans un pays de mission et avec quel dévouement on travaille, quand on voit qu'il y a une ample moisson à faire !... »

Le 3 septembre 1845, M. Lavialle a le bonheur d'embrasser Mgr Chabrat, qui rentrait de France et qui lui apportait les frais épanchements des cœurs de la famille et des amis d'Auvergne.

Quinze jours après, il l'accompagne dans une tournée pastorale, où ils se livrent tous deux, avec une égale ardeur, pendant un mois, aux travaux apostoliques ; et, enfin rentré à Louisville, il y continue l'œuvre de Dieu par le baptême de plusieurs repenties du Bon-Pasteur et d'une dame de qualité à laquelle il avait enseigné la doctrine catholique.

Ce n'est pas assez des travaux que lui donnent le secrétariat, le Bon-Pasteur, l'orphelinat, la cathédrale, les retraites ou missions, il accepte encore la charge d'une congrégation (paroisse), à sept lieues de la ville épiscopale, et en outre il rédige de temps à autre des articles pour le journal catholique de Louisville : *The Catholic Advocate.*

Le désir, de jour en jour plus véhément, de convertir les Américains porta l'infatigable jeune prêtre à établir dans le Kentucky le *mois de Marie*, dévotion encore inconnue dans le Nouveau-Monde. Il commença à Louisville. Le 1er mai 1846, il fit l'ouverture des exercices à la cathédrale, et il eut plein succès.

« Que je voudrais, écrivait-il plus tard, que la dévotion à la Reine du ciel se répandît dans tout ce pays ! Durant le cours du premier mois de Marie célébré à Louisville, j'entretenais souvent mes Américains de cette partie de la France qui m'est si chère et qui s'appelle l'Auvergne.

« Je leur décrivais les fêtes de Notre-Dame des Miracles de Mauriac, les processions que l'on fait dans les différentes paroisses, en chantant les litanies de la Sainte-Vierge. Je leur parlais aussi de ce que j'avais vu sous le toit paternel : toute une famille réunie, père, mère, enfants, domestiques, assemblés autour du foyer, après le repas du soir, pour réciter le chapelet..... »

Dans l'été de cette même année 1846, sous l'influences des chaleurs tropicales, le choléra éclata dans le pays avec une violence extrême. Tous les missionnaires, même les évêques, se mettent en course pour aller porter les secours spirituels aux fidèles atteints. M. Lavialle resta seul quelque temps à Louisville et mit au service des nombreux cholériques toute son énergie virginale, dont rien n'avait encore amolli la trempe vigoureuse ; il passa plusieurs nuits sans dormir, et, quand le fléau cessa, loin de refaire ses forces par quelques jours de repos, il commença incontinent une retraite au Bon-Pasteur, pendant laquelle il eut encore le bonheur de baptiser plusieurs adultes, que la grâce de Dieu et le zèle de son ministre avaient amenées aux clartés divines de la doctrine catholique.

Ce dévouement au bien des âmes remplissait Mgr Flaget de tant de joie qu'il ne put s'empêcher un jour, dans une lettre, d'en rendre témoignage à la famille Lavialle, témoignage d'un saint qui mérite d'être conservé :

« Les chers parents de M. Lavialle, aujourd'hui membre de mon clergé et mon fils bien-aimé, apprendront avec plaisir que ce jeune ecclésiastique remplit son ministère à ma grande satisfaction, et que le fruit qui en résulte est on ne peut plus consolant. Je vous bénis et je prie pour vous tous les jours. »

CHAPITRE VIII

Travaux de M. Lavialle. — Son attachement à l'Amérique, sa nouvelle patrie.

En 1847, M. Lavialle prêcha le carême à la cathédrale de Louisville. Son éloquence était vive, émouvante, exempte de toutes ces finesses, de toutes ces élégantes manières étudiées, qui dénotent plus d'intelligence que de cœur, plus de travail que d'abandon. C'était l'effusion de la foi, l'épanchement du cœur. L'orateur s'abandonnait à la fougue de son zèle, à l'inspiration du moment.

« Ce n'est pas complètement un brillant orateur, dit un journal protestant de Louisville ; mais il y a chez lui un zèle, une certaine onction dans ses discours qui produisent un effet puissant sur les auditeurs, soit qu'il dise des choses savantes, soit qu'il prêche simplement les premiers éléments de la religion. Il paraît, dans ces moments, dépouillé de tout ce qu'il y a en lui de purement humain, et en vérité il ressemble en quelque sorte à lord J. H. C. »

A la fin du carême, M. Lavialle fait l'ouverture du jubilé accordé par Sa Sainteté Pie IX, et, après avoir fait gagner l'indulgence aux habitants de Louisville, il va, à trente-huit lieues, prêcher une mission, puis de là plus loin. Écoutons-le lui-même, faisant le récit de cette sainte expédition :

« Le 23 avril 1847, un vendredi au soir, je montai sur un de ces gros bateaux à vapeur qui remontent et redescendent continuellement, pour le commerce et le transport des voyageurs, la belle rivière de l'Ohio, sur laquelle est bâtie Louisville. Peu après nous quittâmes le bord et partîmes en plein fleuve, descendant vers le midi.

« Je me trouvai en compagnie de nombreux Américains, partant pour diverses destinations. Je fus parfaitement à mon aise avec eux, et je ne reçus de leur part que des marques de bonté Hélas! il me fut aisé de m'apercevoir qu'aucun n'était catholique : tous étaient infidèles ou protestants. Le grand mal est qu'ils sont si adonnés au commerce, si fortement préoccupés de l'idée de se faire une fortune, qu'ils ne pensent jamais à la religion.

« Je fus bientôt connu comme Français, et alors j'eus autour de moi un cercle d'Américains, qui me faisaient sans fin des questions sur la France et écoutaient avec satisfaction ce que je leur en disais. Il est à remarquer qu'ils ont tous l'idée que la France est un très beau pays et qu'il y fait bon vivre. La nuit étant déjà avancée, chacun songea à aller se reposer.

« Le lendemain, après avoir continué à naviguer heureusement sur ce fleuve, large d'un quart de lieue, coulant sans bruit et lentement entre deux forêts, nous arrivâmes à l'endroit où je devais quitter le bateau, à vingt-huit lieues environ de Louisville. Je descendis et me rendis chez une famille catholique qui habite tout près de la rivière, pas riche, mais d'une piété exemplaire ; elle me reçut avec la plus grande cordialité.

« J'avais encore trois quarts de lieue à faire pour me rendre à la résidence du confrère qui m'attendait. Un cheval fut à l'instant sellé ; on me donna un guide, et je partis à travers les bois. Au bout d'une demi-heure, je me trouve auprès de deux maisonnettes en bois. C'est là que je suis attendu.

« A une petite distance est un autre bâtiment, en bois aussi, ayant quarante pieds de long, bâti au milieu d'un clos fermé par une palissade assez mal faite. C'est là l'église, ou je dois prêcher le jubilé. Elle est très modeste : au dehors, elle a la forme d'une maison, moins la cheminée, et au-dedans, il n'y a d'autre ornement que l'autel. Elle est construite depuis plusieurs années ; et les fentes et les trous laissent circuler le vent en toute liberté. Le clos qui l'entoure est le cimetière, comme l'annoncent plusieurs croix noires plantées sur les tombes. Mais, on a beau regarder tout autour, on ne voit ni village, ni maison ; on n'aperçoit que des bois, et on ne sait trop d'où peuvent venir les fidèles.

« Le lendemain, dimanche, vingt-cinq avril, premier jour des exercices, je vis un spectacle bien différent. Longtemps avant la messe, je vis arriver de tous côtés de petites caravanes de trois, quatre, cinq personnes, à cheval ; et durant l'office vous auriez vu le cimetière tout environné de chevaux attachés, tandis que l'église était remplie de fervents catholiques.

« Il faut que vous sachiez que les Américains ne voyagent jamais à pied : chaque famille a au moins un cheval pour voyager et labourer. Seller et brider un cheval est pour les Américains l'affaire d'un instant ; et peu leur importe qu'ils puissent mettre leurs montures dedans, quand ils s'arrêtent, et que la selle se mouille ou non.

« Nous fûmes très encouragés les premiers jours par la multitude extraordinaire qui fut présente. Jamais je n'avais eu tant de besogne sur les bras. Chaque jour, sans exception, ma tâche était : messe et déjeûner, aussi matin que possible ; puis, au confessionnal, jusqu'à dix heures ; à dix heures, sermon ; puis, de nou veau au confessionnal, jusqu'à midi ; à midi, repas, repos, office ; puis, vers les quatre heures, sermon, et après confession jusqu'à la nuit ; enfin, un peu de repos, pris avec la meilleure volonté du monde.

« Mon confrère ne prêchait pas ; mais il confessait et disait la messe très tard pour les fidèles.

« Un véritable enthousiasme animait nos bons catholiques. Ils se rendaient en foule, deux fois le jour, à la prédication durant toute la semaine. Tous gagnèrent le jubilé. Nous eûmes, en outre, le bonheur de recevoir dans la sainte Église et de baptiser un adulte.

« Le samedi matin, jour de la clôture des exercices, nous eûmes encore plus de monde qu'à l'ordinaire, et ce fut avec un cœur plein de joie qu'en finissant mon dernier entretien, je souhaitais à ces braves gens la bénédiction de Dieu pour eux, leurs familles, leurs champs et leurs travaux.

« Ce jour-là, 1er mai, nous partîmes pour une autre station, encore plus vers le midi, à la distance d'environ sept lieues. Notre course à cheval fut, comme à l'ordinaire, dans un chemin bordé de bois. Cette seconde localité est un petit bourg, qu'on appelle ville ici, parce que les villes sont rares dans ces contrées. Il y a une église, mais point de maison pour le prêtre. Il est obligé de loger chez quelque famille. Telles sont les dimensions des maisons, que mon confrère et moi nous ne pûmes loger dans la même.

« Le lendemain, dimanche, le jubilé fut ouvert et continué de la même manière que dans la première station.

« Le samedi suivant, nous montâmes à cheval, emportant les vœux de nos chers catholiques, et, après trois heures de route, nous arrivâmes à la troisième station. Il n'y a pas encore ici d'église : c'est dans l'habitation la plus centrale de la contrée que les fidèles se rendent, et c'est là que nous donnâmes le jubilé..... Enfin, je quittai ces bons catholiques, qui me disaient adieu, les larmes aux yeux.

« Je me rendis sur les bords de l'Ohio, et je rentrai à Louisville le 14 mai. J'eus le plaisir d'embrasser nos bons évêques, le cœur plein de reconnaissance pour mon Dieu. »

Quelques jours après le départ de cette lettre, datée du 15 mai 1847, Mgr Chabrat quittait l'Amérique pour ne plus y retourner. La famille Lavialle crut un moment que le départ de ce pieux évêque déterminerait enfin le jeune missionnaire à quitter aussi le Nouveau-Monde. Elle se trompait encore. Aucune considération ne put décider le vaillant apôtre à renoncer aux Missions d'Amérique.

Il écrivit à sa mère : « Ma chère Mère, je n'ignore pas que vous auriez de beaucoup préféré que j'eusse, cette fois, accompagné en France mon généreux cousin ; mais, en vérité, j'aurais craint de déplaire à Dieu en y pensant. » Et à sa belle-sœur : « Je suis très fâché, ma sœur, de perdre mon vénéré cousin ; mais enfin que la volonté de Dieu soit faite ! C'est Dieu qui m'a appelé ici ; j'y demeurerai avec joie et bonheur, dussé-je perdre tous mes amis et être privé de toute ressource humaine. » Et à son frère l'avoué : « Tu me demandes si le départ de Mgr Chabrat et la fin prochaine de Mgr Flaget ne me donnent pas des inquiétudes pour l'avenir ! Non, mon cher frère, aucune ; je me regarde comme consacré aux Missions d'Amérique. Je sais que la moisson ne manquera pas, et la foi me donne l'assurance que Celui qui nourrit les petits oiseaux et habille les fleurs des champs ne me laissera jamais manquer de support temporel ; sur cette double assurance, je vais en avant, sans souci ni sollicitude. Les intérêts matériels ne me touchent point ; mes émoluments, ce sont les âmes, et mon gain, c'est le ciel. J'avais dernièrement sur moi un habit qui ne m'appartenait pas ; je ne sais pas encore si le manteau dont je me couvre depuis trois ans est à moi ou à Mgr Chabrat. J'ignore si la selle et la bride dont je fais usage sont ma propriété ou celle de Mgr l'Évêque ; quant au cheval que je monte, je l'appelais toujours le cheval de l'évêque, et l'évêque l'appelait le cheval de M. Lavialle. Lorsque, enfin, Mgr Flaget a voulu, dernièrement, terminer ce différend, il a été décidé que dorénavant j'aurais les trois tiers de la propriété de cet utile animal et qu'à lui en reviendrait un tiers, avec le droit exclusif de le nourrir à ses dépens..... »

Plein d'amour pour la sainte pauvreté et profondément humble, aux heures les plus fécondes de la vie, infatigable et dévoué champion dans les glorieuses luttes de la jeune Église américaine, M. Lavialle ne se préoccupait point de l'avenir, de la fortune et des amitiés de ce monde. Les désirs de son âme, les aspirations de son cœur, la tendance de toutes ses facultés convergeaient vers un but unique, le salut de ses frères. Privé du soleil de la patrie, toujours le plus radieux, des pures affections de la famille, qui ne se remplacent pas, le jeune missionnaire était pourtant heureux dans son exil volontaire, là-bas, sur les bords des grands fleuves, où il voulut toujours rester pour y consommer ses jours, heureux de ce bonheur que donne le sacrifice toujours renouvelé, que procure l'épuisement du corps au service du prochain et de Dieu, bonheur que l'on trouve dans le combat pour la vérité, dans le dévouement sans cesse rajeuni et dans la pratique soutenue et persévérante des vertus sacerdotales. Il trouvait la paix de son âme dans les travaux de l'apostolat et l'excès de sa joie dans l'excès de ses labeurs.

CHAPITRE IX

Occupations de M. Lavialle. — Il est nommé rédacteur d'un journal et directeur de l'établissement Sainte-Marie. — Ses travaux à Saint-Thomas.

Le zèle de M. Lavialle n'était autre chose que l'effet de ce feu sacré que Jésus-Christ a apporté sur la terre et qui met les cœurs dans une continuelle disposition d'agir pour le plus grand bien spirituel des âmes, feu toujours brûlant, semblable à un incendie qui développe ses flammes, sa chaleur, son activité dévorante, à mesure qu'il trouve plus d'aliments.

Plus, en effet, le saint missionnaire trouvait devant lui d'œuvres à faire, plus son zèle s'enflammait ; à toute heure, il était à chercher de l'œil des âmes à guérir, des misères à soulager, des intelligences à éclairer, des cœurs à ouvrir aux émotions de la grâce ; il allait, il venait, avec cette hâte sereine qui connaît le prix d'une heure, mais qui ne se trouble pas.

Esprit ingénieux, caractère militant, il dépensait en détail sa vie, dans l'accomplissement de ses devoirs, allant même au-delà de ses devoirs, en ce sens qu'il faisait plus qu'il n'était obligé de faire.

« Tu me demandes, écrivait-il, le 4 janvier 1848, à son frère, avoué à Mauriac, tu me demandes quelles sont mes occupations. Elles sont très variées : faire la correspondance de Monseigneur avec l'Europe et l'Amérique ; écrire quelques articles, ou en traduire du français pour notre feuille catholique, laquelle paraît chaque semaine, dans le but d'expliquer et de défendre notre sainte religion ; étudier de plus en plus la langue anglaise, et me perfectionner par l'étude dans la controverse avec les hérétiques ; exercer le ministère dans tous ses détails ; prendre soin de nos établissements, y donner des instructions ; instruire les personnes qui se préparent au baptême ; aller, de côté et d'autre, là où il n'y a pas de prêtre résident, réunir les fidèles, leur donner la messe et leur prêcher ; aller, une fois par mois, dans un bourg distant de Louisville de six lieues et demie, où nous avons une église, mais point de prêtre : voilà mes occupations. C'est à cheval que nous faisons tous nos voyages de mission. J'attache mon petit porte-manteau, qui contient ma soutane, une petite bouteille pour la messe, une boite de fer-blanc pleine d'hosties, mon bréviaire et quelques autres petits effets ; je mets mes guêtres, et je monte à cheval... Je pars... Pour faire diversion à la solitude, j'entonne gaiement, au milieu des bois, un cantique français ; puis, je chante l'*Ave mari stella*, et, enfin, après de longues heures, j'arrive à la porte de la maison hospitalière qui doit me recevoir..... »

Mgr Flaget et son coadjuteur, Mgr Chabrat, avaient fondé, pour la défense de la religion et la propagation des bonnes doctrines, un journal hebdomadaire, rédigé en anglais : *The Catholic Advocate*. En février 1848, M. Lavialle en fut nommé le rédacteur en chef : ce fut un surcroît de travail ; il s'en acquittait avec succès.

« J'ai lu, écrivait à Mgr Chabrat M. Peythieu, missionnaire à Portland, j'ai lu plusieurs articles de la main de M. Lavialle. Ils attestent un grand talent. Quant à la facilité et l'élégance du style, il me semble qu'il y a peu d'Américains qui puissent le surpasser. »

Les travaux de la rédaction étaient souvent interrompus par les travaux du ministère. Ainsi, à l'époque du choléra, qui, durant l'été de 1849, sévit, pendant trois mois à Louisville et dans les contrées environnantes, le rédacteur du *Catholic Advocate* déposait à chaque instant la plume pour courir au chevet des pestiférés. Toujours sur pied, jour et nuit, il s'exposait à la contagion avec un calme qui semblait ne pas apercevoir le danger et une modestie qui voyait à peine un sacrifice là où éclatait le plus magnifique dévouement. Il allait, à cinq, huit lieues de Louisville, secourir les cholériques. Il fit si bien qu'il tomba malade : il fut atteint d'une palpitation de cœur, dont il ne se débarrassa que difficilement, ce qui ne le corrigea pas de son opiniâtreté au travail. Il est vrai que son évêque ne le ménageait pas. En 1849, il lui confia la direction de Sainte-Marie, établissement qui réunissait les élèves du Petit et du Grand Séminaires. Cette diversité dans le personnel nuisait considérablement aux études et à la discipline. M. Lavialle, aidé d'un prêtre italien, le seul qu'il eût avec lui, y mit de l'ordre. Il commença par prêcher une retraite de huit jours ; puis, il fit un règlement, divisa les cours, ouvrit les classes et fit tout marcher avec une amoureuse rigueur. Aux élèves ecclésiastiques, il enseignait la théologie, le droit canon ; aux autres, le grec et le latin. On conçoit qu'il n'eût guère le temps de s'occuper de son journal. Aussi, écrivait-il, à cette époque, dans une lettre : « Naguère, pendant la plus considérable partie de mes journées, j'avais le papier sous la main et la plume entre les doigts ; maintenant, c'est la langue qui est toujours en mouvement. » La mort de Mgr Flaget, en 1850, modifia la situation. Mgr Spalding, son successeur, entra dans les idées de M. Lavialle : elles tendaient à la séparation des grands et des petits séminaristes. Cette séparation eut lieu en 1851. Le Grand-Séminaire fut transféré à Saint-Thomas, où il avait été autrefois, et mis sous la direction de M. Chambige, prêtre natif de Billom, en Auvergne.

M. Lavialle l'y suivit en qualité de professeur, ses nombreuses occupations ne lui permettant pas d'en prendre la direction. Il avait, en effet, l'importante aumônerie de la maison-mère de Nazareth, où se trouvaient plus de soixante religieuses et près de deux cents pensionnaires ; il y prêchait et confessait, ce qui n'était pas une mince besogne. En outre, Saint-Thomas étant un chef-lieu de paroisse, M. Lavialle en était le curé.

Bientôt, la nécessité ayant forcé l'évêque à réunir de nouveau, à Saint-Thomas, le Petit et le Grand Séminaires, l'infatigable apôtre y fut chargé, outre ses classes de théologie et de droit canon, de la classe de grec et de celle de rhétorique. Durant les vacances, il se reposait en allant prêcher des retraites dans les communautés religieuses.

Pendant les six ans de séjour que M. Lavialle fit à Saint-Thomas, il écrivit rarement en France. Le 4 février 1853, il disait :

« Mes chers parents, j'avoue que, cette fois, j'ai mérité une sévère réprimande de votre part, pour avoir laissé passer un temps trop long sans vous écrire. La faute en est à mes occupations, non à mon indifférence à votre égard. C'est un bonheur pour moi de penser à vous, tous les matins, au saint Sacrifice de la messe, et, de temps en temps, de l'offrir spécialement tantôt pour vous tous ensemble, tantôt pour chacun en particulier, demandant à Dieu de daigner vous accorder tout ce qu'il sait vous être nécessaire ou avantageux, selon l'excellente suggestion de mon frère l'avoué, dans une de ses lettres.

« Rien de mieux que de se réunir ainsi, dans le saint Sacrifice de la messe, au pied de la croix ou du trône de la Miséricorde. La distance qui nous sépare, quant au corps, semble alors disparaître, et ces réunions des âmes ne sont jamais sans quelques bons résultats.

« Vous dûtes apprendre, par ma lettre à mon oncle, le changement qui avait eu lieu dans ma résidence. Le bien du Séminaire sembla demander qu'il ne fût plus tenu à Sainte-Marie, où nous l'avions rétabli, et nous le transportâmes à Saint-Thomas, vers la fin de l'an 1851.

C'est un bel endroit, sur la route qui mène à Louisville et tout près d'un autre collège très florissant, tenu par les Jésuites.

« Ici, comme ailleurs, mon temps est bien rempli : plaise à Dieu qu'il le soit selon sa volonté ! c'est mon désir ardent, et je me trouve mille fois heureux d'être tout employé dans son œuvre. Au reste, la Providence veut bien se servir de moi d'une manière qui, pour le présent, est tout à fait selon mes goûts. J'aime tout particulièrement l'enseignement et les études ecclésiastiques ; l'exercice du ministère, que j'ai, en outre, est une agréable et édifiante diversion. Grâce à Dieu, ma santé est bonne, quoique quelquefois un peu fatiguée.

« Le Ciel continue de bénir ce diocèse d'une manière signalée ; nous eûmes, il y a quatre mois, une occasion solennelle de nous féliciter de sa protection. Une nouvelle cathédrale, commencée, à Louisville, il y a trois ans, sans que l'on pût bien savoir si on aurait les moyens de la terminer, fut livrée au service divin vers la fin de septembre dernier. Le 1er octobre 1852, fête du saint Rosaire, presque tous les prêtres du diocèse, nous eûmes la joie d'être réunis dans son enceinte, pour en célébrer la dédicace ; un certain nombre d'ecclésiastiques d'autres diocèses étaient aussi présents : ce qui, avec deux archevêques et huit évêques, faisait une réunion d'ecclésiastiques telle qu'on n'en avait jamais vu auparavant dans les États-Unis. Environ trois mille fidèles étaient assemblés sous la voûte du nouveau temple, tandis que près de mille stationnaient au dehors, l'enceinte n'ayant pu les contenir.

« Notre excellent évêque, Mgr Spalding, est parti, à la fin de novembre, pour la France. Il se propose d'aller, dans le Cantal, voir Mgr Chabrat, et vous voir aussi, mes chers parents (1).

« L'œuvre de la religion progresse visiblement dans ce vaste pays..... Il y a ici une secte de protestants qui prétendent avoir leurs ministres et leurs évêques, comme dans l'Église catholique. Un de ces évêques de l'erreur, homme distingué par ses talents et son influence, annonça à son troupeau, il y a deux ou trois mois, que, sa conscience ne lui permettant plus d'être protestant, il renonçait à ses fonctions et allait entrer dans l'Église catholique. Il partit alors pour Rome, où il fit son abjuration et reçut le baptême, le jour de Noël. Il fut confirmé le même jour par le Souverain-Pontife lui-même.

« Deux autres ministres protestants ont, tout dernièrement, dit adieu à leurs honneurs, à leurs riches salaires, et sont devenus catholiques, en dépit des efforts que leurs amis ont faits pour les en empêcher.

« Dans le noviciat de la communauté dont j'ai la charge, il y a actuellement une jeune convertie dont l'histoire est édifiante. Elle

(1) Les circonstances empêchèrent l'évêque américain de se rendre en Auvergne.

appartient à une famille protestante qui tient un des premiers rangs dans le pays. Ayant lu des livres catholiques et assisté à nos offices et instructions du dimanche, elle eut le bonheur d'être éclairée de la vérité et résolut de se convertir. Mais ses parents s'opposèrent à ses desseins et usèrent de tous les moyens pour la dissuader de cette détermination : rien ne put changer ses dispositions. Comme elle avait déjà atteint l'âge de majorité, elle était, aux yeux de la loi, libre de l'autorité paternelle. Elle fit donc généreusement son sacrifice et embrassa la foi catholique, quoiqu'elle prévît bien qu'elle s'exposait à perdre la bienveillance de sa famille et son patrimoine. Sa persévérance fut également mise à l'épreuve ; mais les promesses et les menaces la trouvèrent ferme et fidèle à son Dieu. Enfin, n'ayant d'autre alternative, elle préféra quitter la maison paternelle et se séparer de tout, plutôt que de renoncer à la foi, et s'en alla habiter chez des étrangers, résolue, s'il le fallait, à travailler de ses mains pour gagner sa vie. Dieu, content de sa fidélité, vint à son secours et l'appela au repos et au bonheur de la vie religieuse.

« Le pensionnat des Sœurs est composé en partie de filles protestantes ou infidèles ; car les protestants eux-mêmes donnent la préférence, sous tous les rapports, aux écoles catholiques. Plusieurs de ces enfants ont, chaque année, le bonheur d'entrer dans l'Église, avec la permission de leurs parents. L'une d'elles, âgée de dix-huit ans, ayant été attaquée du choléra, vers la fin de l'été, demanda instamment à être baptisée, disant que la conscience lui répétait sans cesse que, sans cela, elle serait perdue. Elle voulait absolument que l'on vînt me chercher, quoique ce fût pendant la nuit. Les Sœurs étaient un peu surprises de sa demande, vu qu'elle n'avait jamais auparavant manifesté aucune intention de se faire catholique ; elles ne savaient que penser. La jeune personne déclara, elle-même, qu'elle n'avait, jusque-là, éprouvé que du mépris et de la haine pour les pratiques de notre sainte religion ; mais que, toutefois, le caractère même de l'amertume de ses dispositions lui faisait soupçonner qu'elles ne venaient pas d'un bon principe ; et que, lorsqu'elle fut prise de la maladie, elle fut tout à coup frappée de la conviction qu'elle était perdue, si elle ne devenait catholique : elle avait, concluait-elle, été dupe des illusions du mauvais esprit. Elle guérit de son attaque, et a, depuis, fait sa première communion avec la plus grande ferveur. Le même jour, deux autres converties eurent aussi le bonheur de participer, comme elle, au banquet eucharistique. L'une d'elles est la fille d'un ministre protestant, lequel, quoique cela paraisse singulier, se dit très content que sa fille soit une bonne catholique.

« Ainsi opère la grâce de Dieu ; ainsi agit notre sainte religion sur les esprits et sur les cœurs droitement disposés. Les fruits de vertu et de sainteté que cette religion divine produit, après la conversion, ne sont pas moins admirables que son opération dans la conversion même : les nouveaux catholiques deviennent des modèles de vertu. C'est ainsi que cette religion nous rendrait tous bons, vertueux, édifiants, et nous délivrerait de nos passions et de nos vices, si nous l'aimions de tout notre cœur et si nous en pratiquions avec fidélité et zèle les devoirs et les exercices. Qu'il n'y ait donc, à cet égard, aucune négligence en nous, mes chers parents ; soyons, au contraire, fervents, afin que nous trouvions dans la foi tous les bienfaits et toutes les bénédictions qu'elle est destinée à nous procurer. Soyons de plus en plus fidèles au grand devoir de la prière, de la sanctification du dimanche, de la fréquentation des sacrements. Cherchons de plus en plus à tenir notre conscience en bon état, à nous affermir dans la vertu, à mener une vie sainte et à faire des œuvres qui puissent mériter l'approbation de Dieu et nous assurer un jugement favorable. L'Esprit-Saint nous dit que la nuit approche où nous ne pourrons plus travailler ; que nous devons donc travailler tant que le jour dure, c'est-à dire que la fin de notre vie arrive et que nous devons profiter du temps que Dieu nous donne pour travailler à acquérir l'éternité. Il nous exhorte, en conséquence, à chercher surtout le royaume de Dieu et à ne pas donner trop d'importance aux affaires de ce monde. Je sais que vous agissez ainsi, mon cher père, ma chère mère : courage donc. Le ciel sera votre consolation et rendra calmes les dernières années de votre vie..... »

Dans une lettre du 29 janvier 1854, M. Lavialle ajoutait :

« Notre Séminaire va de mieux en mieux. Un certain nombre d'étudiants, pour le cours classique, nous furent envoyés d'un diocèse voisin, et nous en avons en ce moment trente-quatre. Je crois t'avoir dit que notre établissement, actuellement, embrasse les deux départements classique et théologique, le grand et le petit Séminaires. Nous sommes, cette année, quatre prêtres : chacun est pourtant très occupé. Pour ma part, j'ai à professer les classes de théologie dogmatique, d'Écriture-Sainte, de rhétorique et de grec, avec une instruction, chaque semaine, à notre communauté. Je vous donne ces détails, parce que vous me demandez sans cesse ce que je fais.

« Mgr Spalding est revenu d'Europe, au mois de mai dernier, amenant avec lui huit sujets pour notre diocèse, deux de France, les autres de Hollande.

« L'Église continue à s'étendre en Amérique. Durant l'année dernière, onze nouveaux diocèses ont été formés.

« Je ferai une neuvaine de messes pour notre cher père. (Il était mort en 1853.) Toutes sortes de bonnes choses à notre bonne mère, à mon oncle, à nos proches. Adieu..... »

CHAPITRE X

M. Lavialle, supérieur du collège Sainte-Marie. — Influence qu'il exerce sur les élèves. — Conversions qu'il opère.

Après six ans de professorat au Grand-Séminaire de Saint-Thomas, M. Lavialle fut appelé, en 1856, à la direction d'un établissement qui réunissait un nombre considérable d'élèves. Cet établissement avait une grande célébrité et, par conséquent, demandait un homme intrépide, un administrateur habile, un directeur ferme et bon. Je parle du collège Sainte-Marie.

Mgr Spalding avait grandement à cœur la prospérité de ce collège, et il crut ne pouvoir mieux faire que de le confier aux mains habiles de M. Lavialle. Il ne se trompa point.

Sous la direction du nouveau président, comme on dit en Amérique, le collège Sainte-Marie monta au plus haut degré de prospérité. Il avait contracté des dettes : M. Lavialle rétablit l'équilibre dans les finances, fit même des économies, augmenta le personnel de la maison, accrut les produits de la ferme, fit fleurir la discipline et l'esprit de charité parmi cette jeunesse américaine, vive, ardente, venue de deux cents lieues à la ronde, appartenant à diverses religions et opinions politiques. Les études y étaient florissantes, la piété en honneur; les cérémonies religieuses s'y faisaient avec la solennité des cathédrales. M. Lavialle y établit *le mois de Marie, la Congrégation de la Sainte-Vierge, l'Œuvre de la Propagation de la Foi,* celle de *la Sainte-Enfance,* et fit honorer la Mère de Dieu sous le titre de *Notre-Dame du Kentucky,* à laquelle les élèves, catholiques et protestants, élevèrent une statue magnifique.

Sous l'influence bénigne de ces douces dévotions, de ces solennités touchantes, les élèves catholiques progressaient en science et en vertu, et les protestants se transformaient, abandonnaient leurs préjugés contre la doctrine catholique, et ce qu'il y avait de bon en eux se développait, fructifiait, de sorte que, dans cette atmosphère pieuse, leur vie morale et intellectuelle prenait une autre direction, et leurs regards se portaient vers les splendeurs nouvelles de la vérité. Aussi ne se passait-il pas d'année que plusieurs de ces jeunes gens ne rentrassent, heureux et soumis, dans le bercail de l'Église catholique, et ceux qui ne se convertissaient pas emportaient, du moins, chez eux, avec un vif attachement pour leurs professeurs et une grande vénération pour leur supérieur, l'intelligence de leur immortelle destinée et le germe heureux de leur future conversion.

C'est ainsi que, grâce à la sainteté de son supérieur, le collège Sainte-Marie exerçait une influence salutaire dans le pays et dans les âmes. Le nom de M. Lavialle était béni de tout le monde, des parents comme des élèves. C'était au point que les parents, même infidèles et protestants, ne manquaient pas d'écrire à leurs fils, à la fin de l'année scolaire : « Mon enfant, avant de partir pour les vacances, n'oublie pas de demander au bon Père Lavialle sa sainte bénédiction. »

Tout le monde, dans l'établissement, subissait l'influence du supérieur : il convertit le médecin de la maison, le maître de musique et sa femme, ainsi que la femme de son principal ouvrier. Tout était pour lui un moyen de propagande religieuse, même la distribution des prix. Il donnait à cet exercice la plus grande solennité, en y appelant les parents, les voisins, les catholiques, les protestants, les magistrats, les prêtres, les évêques ; et, devant ces spectateurs nombreux, les élèves prononçaient des discours, récitaient des dialogues, jouaient des pièces dont le sujet était toujours un point de doctrine catholique ou de philosophie chrétienne. De la sorte, ces jeunes gens protestants devenaient, par le fait de leur rôle, les avocats éloquents des principes catholiques, et les Américains de toute religion, qui assistaient à ces réunions, étaient forcément amenés à applaudir à l'exposition de vérités totalement opposées parfois à leurs idées religieuses, ce qui produisait sur l'immense foule une salutaire impression et ouvrait les intelligences et les cœurs aux vérités catholiques.

C'est ainsi que le supérieur de Sainte-Marie mettait en œuvre, pour le bien moral de la jeunesse américaine et pour la propagation de la vraie religion, tous les ressorts de son esprit, toutes les circonstances fournies par sa position et tout le dévouement de son cœur paternel.

Voici quelques autres détails sur le collège Sainte-Marie et son supérieur qui me paraissent intéressants ; je les trouve dans une lettre que M. Lavialle écrivait lui-même, le 26 février 1861, à son frère, avoué à Mauriac :

« Mon cher frère, notre collège est maintenant en très bon état, faisant un grand bien, à ce que nous croyons. Les collèges catholiques, ici, sont d'un grand secours pour l'Église. Ils exercent une influence, comparativement, bien plus étendue et plus puissante qu'en France. Nous visons donc à les rendre des centres de religion, propres à donner une direction à l'esprit et au ton général de la jeunesse.

« Nous avons bien des actions de grâces à rendre à Dieu pour le succès qu'il a bien voulu accorder à Sainte-Marie. Le collège semble jouir d'une confiance sans bornes. Il nous vient plus d'élèves que nous ne pouvons en recevoir. Nos élèves, qui sont de différents États et venus de deux cents lieues, me sont tellement attachés que, lorsque la nouvelle de ma nomination récente à l'épiscopat leur est parvenue, ils ont été dans une grande anxiété, et ils la manifestaient constamment dans leurs conversations et dans leurs lettres ; et, lorsque je leur ai annoncé mon refus, un dimanche, dans la chapelle, ils furent sur le point de témoigner leur joie par un applaudissement général.

« Nous sommes de plus en plus contents du bien qui se fait parmi les jeunes protestants. Chaque année, quelques-uns embrassent la vraie foi et tous deviennent favorablement disposés... Tu peux conjecturer, mon cher avoué, des bons fruits qu'ils portent au loin, parmi leurs parents et leurs amis.

« L'année dernière, nous eûmes trois convertis, des jeunes gens de dix-huit à vingt ans, de beaux talents, appartenant à d'excellentes familles. Quel bonheur pour nous de voir ces jeunes gens aller, deux ou trois fois le jour, de leur propre mouvement, adorer le saint Sacrement et écrire à leurs parents et amis de longues lettres, dans lesquelles ils exposent les motifs de leur conversion, expliquent et défendent la doctrine catholique, d'une manière digne de séminaristes dans les ordres sacrés!

« L'un d'eux est un jeune homme de grande fortune et qui n'a que sa mère, laquelle habite ses terres, à deux cent vingt-cinq lieues d'ici. Après qu'il eut échangé plusieurs lettres avec elle, au sujet de son désir de devenir catholique, et peu après sa réception dans le sein de l'Église, j'écrivis moi-même à cette dame et lui exposai en détail les trésors de grâces que son fils allait trouver dans le baptême, la confirmation et la communion, ainsi que la dignité à laquelle il allait être élevé devant Dieu en embrassant la vraie foi. Son cœur de mère fut vivement touché. Elle me répondit pour me remercier du bien que je faisais à son cher Georges, ajoutant qu'il ne se pouvait pas que la voie prise par son fils, d'après mes conseils, ne fût celle du bonheur, et qu'elle se réjouirait toute sa vie de l'avoir envoyé au collège Sainte-Marie. Elle a, depuis, souvent fait remarquer à son fils, dans ses lettres, qu'elle serait heureuse de voir en personne celui qui était devenu le grand ami et le bienfaiteur de la jeunesse au Kentucky.....

« Tu jugeras, mon cher avoué, par ce seul fait, de l'influence que nos collèges exercent, pour le bien de la religion.....

« Notre établissement est au milieu d'une très nombreuse mission catholique, dont l'église est à une demi-lieue du collège. Elle est desservie par un prêtre qui n'a pas d'autre charge. Ce confrère réclame souvent mon ministère, pour prêcher à son peuple. A Pâques, nous avons eu le bonheur de baptiser neuf adultes. Durant nos vacances, en juillet et août, ce missionnaire étant tombé malade, je pris soin de son troupeau. Le pays souffrait alors d'une forte sécheresse. On me pria d'ordonner et de faire des prières publiques pour obtenir la pluie. Prêchant à ce sujet, j'invitai les fidèles à faire tous la paix avec Dieu et à s'approcher des sacrements. Ils furent si dociles que, pendant près de deux semaines, ce fut comme une retraite ; l'église était pleine de monde, chaque jour, et ton serviteur au confessionnal, depuis le matin jusqu'à midi. Je fus si content de leur bonne volonté que je voulus faire quelque chose de plus pour leur bien spirituel. J'annonçai que je donnerais, pendant trois jours, des instructions, exclusivement pour les jeunes gens, et que je voulais les avoir tous autour de moi. J'eus la consolation de les voir tous s'empresser de répondre à mon appel et remplir pieusement leurs devoirs religieux. Ensuite, je fis de même pour les nègres, qui sont en grand nombre et forment la classe des travailleurs ; je ne saurais te dire comme ils paraissaient heureux, dans l'église, de se voir l'objet des soins particuliers du président du collège. Je distribuai parmi eux près de cent chapelets... Durant ces vacances, j'ai eu la consolation de baptiser un autre adulte, une jeune dame bien élevée, qui est, depuis, un modèle de piété.....

« Eh ! bien, mon cher avoué, tu me demandes toujours ce que je fais en Amérique : le voilà... »

CHAPITRE XI

M. Lavialle refuse l'épiscopat. — Ses travaux pendant les vacances. — Son dévouement durant la guerre des États-Unis.

M. Lavialle était supérieur du collège Sainte-Marie depuis quatre ans, lorsque, soudain, des lettres arrivées de Rome vinrent le troubler dans sa laborieuse solitude. L'évêque de Savannah venait de mourir. Les prélats américains présentèrent, selon l'usage, au Souverain-Pontife, la liste des ecclésiastiques les plus dignes de l'épiscopat. Regardé partout comme un prêtre vertueux, comme un administrateur habile, le supérieur de Sainte-Marie était au premier rang sur cette liste. Son nom fixa le choix du Saint-Père, et il lui envoya, sans retard, les lettres apostoliques qui le nommaient évêque de Savannah, en Géorgie. C'était en 1860.

L'humble prêtre fut atterré de cette promotion ; il ne songea même pas à l'annoncer à sa famille. Ce fut M. Chambige, supérieur du Grand-Séminaire, qui l'écrivit à Mgr Chabrat, en Auvergne, dans une lettre du 23 octobre 1860 :

« Monseigneur et cher Père, vous apprendrez avec plaisir que M. Lavialle vient d'être nommé évêque de Savannah : par ses talents et ses vertus, par les services qu'il a rendus au diocèse de Louisville, il a mérité cette distinction. Je ne doute pas que le diocèse dont il a été nommé évêque ne prospère sous son administration. J'ai tout lieu de croire qu'il acceptera, d'autant mieux que le diocèse de Savannah offre un vaste champ à son zèle, beaucoup de travail et peu de gloire pour ce monde. »

M. Lavialle se décida enfin à écrire à sa mère, mais c'était pour lui annoncer son refus :

« Ma chère Mère, vous savez, sans doute, déjà que l'on a voulu élever votre fils d'Amérique à l'épiscopat ; je tremble en écrivant ces paroles. C'est un mystère pour moi, que l'on ait pensé à ce prêtre obscur pour une dignité si haute. Eh ! bien, ma chère Mère, je viens vous dire que je ne puis me résoudre à monter si haut, à prendre tant de responsabilité. J'ai renvoyé mes bulles priant le Souverain-Pontife de ne jamais penser à moi. Priez pour votre pauvre fils..... » (27 février 1861.)

Mgr Chabrat, du fond de sa douloureuse solitude de Chambres, s'était hâté d'écrire à M. Lavialle, pour l'encourager et pour lui offrir sa croix pectorale. Le 11 mars 1861, M. Lavialle lui répondit :

« Mon cher oncle, je vous sais gré de votre lettre, des bons encouragements que vous me donnez et de l'offre gracieuse que vous me faites. Dans la préoccupation, je dois dire dans la tristesse dont je ne pouvais me défendre, à la pensée de ma promotion au siège épiscopal de la Géorgie, votre lettre, vos encouragements et votre offre, venant, comme je sais que tout vient, de votre bon cœur, ne servirent pas peu à m'encourager, à me soulager. Votre chaîne et votre croix seraient, certainement, pour moi, un cher et précieux souvenir, si c'était la volonté de Dieu que je fusse élevé à la dignité qui permet de les porter.

« Les bulles me furent expédiées de Rome, par l'entremise de l'archevêque de Baltimore, Mgr Kenrick, votre ami particulier. Je ne pus me résoudre à accepter une telle dignité. Je renvoyai les bulles à Mgr Kenrick, avec une lettre au Saint-Père. Mais l'archevêque me fit passer de nouveau le tout, me disant qu'il ne pouvait pas supporter mon refus et qu'il ne croyait pas que je pusse réussir auprès du Souverain-Pontife. J'envoyai, alors, moi-même, les bulles à Rome, directement. Malheureusement, la prédiction de l'archevêque de Baltimore ne s'est que trop réalisée. Les bulles me sont retournées le mois dernier. Je les renvoyai de nouveau, avec une longue lettre, plaidant, à ce que je crois, plus fortement que jamais, pour le privilège de rester dans mon obscurité. J'espère que, cette fois, j'aurai plus de succès. Ni le temps, ni la réflexion, ni le retour des bulles ne servent à me familiariser avec l'idée de l'épiscopat ; je l'envisage avec plus de crainte que jamais. »

Le 12 mai 1861, M. Chambige écrivait à Mgr Chabrat :

« M. Lavialle a dû vous informer de sa détermination, au sujet de l'évêché de Savannah ; il a renvoyé ses bulles deux fois. Il vient de recevoir une lettre de Mgr Kenrick, qui l'informe qu'on le laissera parfaitement tranquille à ce sujet. »

Enfin, M. Lavialle écrivit à son oncle, le chanoine, les mots suivants :

« Ce que j'ai à vous annoncer m'est, je pense, plus agréable à moi qu'à vous et à mes amis de France. Le Saint-Siège a enfin consenti à me laisser libre, et a nommé un autre évêque (Mgr Vérot) au siège vacant. Je vous remercie, mon oncle, je vous remercie, mes bons parents, mes chers amis, de l'intérêt que vous avez toujours pris à ma nomination. Puissé-je être de plus en plus un instrument digne des œuvres du Souverain-Maître, au service duquel je suis à jamais consacré. »

Pour éviter, à l'avenir, les honneurs de l'épiscopat, M. Lavialle demanda, nous en avons la preuve certaine, l'autorisation d'entrer dans un ordre religieux ; mais Mgr Spalding la lui refusa : et l'humble prêtre continua, avec plus de dévouement encore, l'œuvre sainte de l'Église, au milieu de la jeunesse américaine.

« Les rapports du Révérend Père Lavialle avec Mgr Spalding sont des plus intimes, écrivait, en 1864, un prêtre d'Amérique à Mgr Chabrat. Le Père Lavialle est un de ces prêtres, solides et vertueux, pour qui l'autorité ecclésiastique est chose sacrée. Monseigneur a en lui la plus grande confiance, et c'est à juste titre. Le révérend président de Sainte-Marie joint à la science un grand talent d'administration. Son zèle est extraordinaire et infatigable. Il remplit parfaitement ses fonctions de président de Sainte-Marie, et je suis certain que Monseigneur n'en trouverait pas un autre capable comme lui de s'acquitter de cette charge difficile. »

Pendant les vacances, M. Lavialle visitait les communautés religieuses ou prêchait des missions. Le 20 septembre 1861, il écrivait à Mgr Chabrat :

« Le nouveau couvent de Lorette est presque fini. Vous vous en réjouirez sans doute, mon cher oncle, vous qui fîtes bâtir le premier monastère de ces bonnes Lorettines, qui partageâtes autrefois leurs privations, qui relevâtes si souvent leur courage et leur confiance, dans les durs commencements de leur existence, comme quelques-unes d'entre elles se plaisent à me le répéter, quand je les visite.....

« Je visitai, pendant les vacances, Nazareth et Sainte-Catherine, et je trouvai que ces établissements continuent à s'agrandir; c'était, pour moi, un bonheur d'entendre les religieuses raconter le grand bien qui se fait, dans leurs écoles, parmi les élèves protestantes.

« L'établissement du Bon-Pasteur, que vous fondâtes en 1841, fait, chaque année, de grands progrès. Les maisons fondées par cet ordre, à Saint-Louis, à Cincinnati, à Philadelphie et à New-York, vont aussi très bien et font la consolation des évêques de ces diocèses.....

« Je vous ai fait savoir, je crois, que nous avons maintenant des Frères pour les écoles de Louisville. En les visitant, au mois d'août, je fus enchanté des grands services qu'ils rendent; ils régénèrent la jeunesse catholique, par leur influence salutaire sur les enfants..... »

En novembre 1864, il écrivait ce qui suit à son frère l'avoué, qui lui demandait sans cesse quelles étaient ses occupations en Amérique :

« Le temps des vacances du collège se passe ordinairement, pour moi, dans différentes missions, où les travaux abondent et où les laboureurs sont rares. Durant les vacances dernières, j'eus le bonheur de dédier deux nouvelles églises, l'une à huit, l'autre à neuf lieues d'ici, après avoir donné, à chaque endroit, une retraite, à laquelle plusieurs protestants et gens auparavant sans religion assistèrent et montrèrent les meilleures dispositions pour l'avenir... Je fus, une fois, invité à aller prêcher dans un village où il n'y a pas d'église. En arrivant, j'ai trouvé une grande foule, de tout sexe, de tout âge, de tout rang. La voûte du ciel fut notre temple et une grande caisse notre chaire. Au milieu du silence le plus parfait, je tâchai, pendant une heure et demie, de faire connaître les beautés et les richesses de la vraie religion, à ces peuples assemblés, dont plusieurs n'avaient jamais, auparavant, vu de prêtre catholique... Dans une petite ville, où nous avons une église, je prêchai plusieurs fois pour l'instruction de la population protestante. Peu après, je fus appelé auprès de deux malades, qui avaient suivi ces instructions et s'étaient déterminés à embrasser la foi catholique. J'eus la consolation de les baptiser tous les deux. L'un d'eux est une dame, qui, ayant recouvré la santé, n'a, maintenant, d'autre anxiété que celle de bien élever ses enfants dans la foi à laquelle elle considère comme son plus grand bonheur d'avoir été appelée..... »

Deux faits graves vinrent, en 1863, donner un nouvel éclat à la réputation de M. Lavialle, au Kentucky, en lui fournissant l'occasion de montrer la grandeur de son courage et l'héroïsme de sa vertu.

La guerre avait éclaté, en 1860, entre les États du Nord et les États du Sud de l'Union-Américaine, au sujet de l'esclavage. Il y eut trois grandes batailles livrées dans le Kentucky, dont l'une à une lieue et demie de Sainte-Marie, une autre à six lieues. N'écoutant que son zèle, M. Lavialle court aux champs de batailles, de son propre mouvement.

Il arrive au premier, tandis que le canon gronde encore. Les sentinelles l'arrêtent. En vain, il insiste, disant qu'il est un prêtre français venant uniquement secourir les blessés : il faut attendre que le feu ait cessé. Mais, aussitôt qu'on le lui permet, il s'avance hardiment au milieu du champ de bataille, jonché de morts et de mourants. Il passe le jour, la nuit, une partie du lendemain, à porter secours aux blessés, à baptiser les uns, à confesser les autres, à panser les plaies de tous, avec un dévouement qui étonne toute l'armée.

Quelque temps après, eut lieu une autre bataille. L'intrépide supérieur de Sainte-Marie arrive sur le théâtre du carnage et va, de village en village, porter, dans les maisons, encombrées de blessés, des secours, des consolations et les sacrements. Que d'âmes n'a-t-il pas sauvées, dans ces douloureux événements ! Il rentra, exténué de fatigues et de faim.

Le collège Sainte-Marie n'eut pas à souffrir de cette guerre, qui dura cinq ans.

« Quant à notre établissement, dit M. Lavialle, dans une lettre à son frère, nous avons, en vérité, de grandes actions de grâces à rendre à la divine Providence, pour la manière dont nous avons été protégés. Les cours n'ont jamais été interrompus pendant la guerre. Nous avons été obligés, cette année (1864), de refuser au moins cinquante élèves, faute de place.

« Nos travaux et nos instructions ne sont pas, nous l'espérons de la grâce de Dieu, sans porter quelques fruits. J'ai eu la consolation de voir, cette année, une douzaine de jeunes gens protestants, de dix-huit à vingt ans, venir me manifester le désir d'entrer dans l'Église catholique. Tu serais étonné, mon cher avoué, si tu voyais, dans ma chambre, pendant les récréations, tantôt l'un, tantôt l'autre de ces jeunes gens, conversant avec moi, avec le respect, la confiance, l'ouverture de cœur et l'affection d'un élève catholique, eux qui, lorsqu'ils arrivèrent ici, n'avaient jamais vu de prêtre. Tu comprendras ce que peut faire un missionnaire dans ce pays-ci, avec le secours du Ciel..... »

La grande occupation de M. Lavialle, en 1865, fut l'agrandissement de son collège. Il fit construire de nouveaux corps de logis, de sorte qu'il pût désormais recevoir un plus grand nombre d'élèves : heureux de pouvoir ainsi travailler plus largement et plus efficacement au salut des âmes.

Mais, hâtons-nous ; le temps nous manque pour dire toutes les œuvres, tous les dévouements de M. Lavialle sur le sol américain.

CHAPITRE XII

M. Lavialle est nommé Évêque de Louisvillle. — Son Sacre. — État de l'Église catholique aux États-Unis à cette époque.

En 1864, à la mort de Mgr Kenrick, archevêque de Baltimore, Mgr Spalding, évêque de Louisville, fut choisi pour lui succéder. Le siège de Louisville devenait donc vacant. Tous les yeux se tournèrent vers le Supérieur de Sainte-Marie. Ce n'était pas une grandeur éteinte que ce Supérieur qui avait refusé l'évêché de Savannah, c'était une grandeur cachée. On sut la retrouver. Son nom parut au premier rang sur la liste présentée au Saint-Père et ce nom une seconde fois fixa le choix du Souverain-Pontife. Pie IX, qui connaissait les hautes qualités de M. Lavialle, son esprit vraiment sacerdotal et son dévouement sans bornes au Saint-Siège, parla cette fois de manière que tout refus fut impossible. M. Lavialle se soumit; les encouragements qu'on lui donna, la connaissance qu'il avait du diocèse de Louisville où il travaillait depuis longues années diminuèrent ses craintes et augmentèrent sa confiance.

Les bulles arrivèrent de Rome au mois d'août 1865, par l'intermédiaire de l'archevêque de Cincinnati, entre les mains du docteur Spalding, frère du nouvel archevêque de Baltimore et administrateur du diocèse de Louisville pendant la vacance du siège.

Le 24 du même mois, M. Peythieu, notre compatriote, les porta à Sainte-Marie. « Ce fut, écrivait ce dernier à Mgr Chabrat, ce fut une grande joie dans le diocèse, dans le clergé, parmi les fidèles, dans tous les établissements religieux, à la nouvelle de la promotion du révérend Père Lavialle à la dignité épiscopale. Tous ceux qui le connaissent s'en réjouissent ; nous battons des mains ; il est appelé à faire un bien immense ; je ne pense pas que cette fois il ait le courage de refuser ; sa conscience crierait. »

Le 1er septembre 1865, M. Lavialle envoyait la lettre suivante à sa mère :

« Ma chère mère, je vous invitais dans une de mes lettres à vous réjouir et à bénir Dieu de ce qu'il avait bien voulu choisir un de vos enfants pour la haute et sainte dignité du Sacerdoce. Ce Dieu de miséricorde, dans ses desseins impénétrables, vient d'ajouter à cette inestimable faveur envers votre famille, un autre bienfait dont je ne puis tracer le nom sur ce papier sans que ma main ne tremble et que mon cœur ne soit agité de mille craintes. Par son vicaire sur la terre, il vient, et cette fois irrévocablement, d'appeler votre indigne fils si élevé par le Sacerdoce à la sublime dignité de l'épiscopat, dans le diocèse même où il l'avait appelé à travailler comme missionnaire et où il l'a béni de tant de manières depuis vingt-deux ans. Il a été de mon devoir, cette fois, de signifier promptement mon consentement, et la lettre de soumission au Souverain-Pontife est déjà sur l'Océan.

« Et maintenant, ma chère mère, ne manquez pas d'adresser à Dieu les plus ferventes prières afin d'obtenir pour moi, pauvre serviteur de sa Majesté divine, une abondance de bénédictions qui m'aident à bien remplir pour sa gloire et le salut des âmes les saintes fonctions de mon office. »

Le même jour il écrivit la lettre suivante à son oncle, le chanoine :

« Après avoir annoncé à ma mère le choix qui vient d'être fait de moi, je me tourne vers vous, mon cher oncle, qui avez été par votre sollicitude, vos conseils et votre générosité un vrai père pour moi. Malgré ma pauvreté sous tous les rapports, je suis appelé au siège de Louisville et il ne m'est pas permis d'éviter cette effrayante élévation. Il m'a fallu répondre au Saint-Père : — *Omni cum obedientia et propriæ prædilectionis abnegatione, onus propositum ineo.*

« Veuillez, mon cher oncle, prier pour moi afin que la gloire de Dieu, le progrès de la religion et le salut des âmes résultent de mon épiscopat. Je serai bien reconnaissant à M. le Curé de Mauriac s'il voulait bien me recommander aux prières de son clergé et de ses paroissiens. »

Dans une autre lettre à ses deux frères, il disait :

« Malgré notre indignité, mes chers frères, Dieu n'a pas dédaigné de choisir un de nous pour le Sacerdoce d'abord et puis pour l'Épiscopat, dans le beau diocèse fondé en Amérique par Mgr Flagel, un des plus saints apôtres de ces contrées. Joignez-vous à moi, mes frères, pour adorer le Tout-Puissant, pour le prier de bénir le choix que son Vicaire, sur la terre, a fait de ma personne, et ne manquons pas de prier la Sainte-Vierge de continuer à être notre Mère. Demandez à M. le Curé du Vigean, où nous avons été faits membres de l'Église par le Baptême, de se souvenir de moi à la sainte messe et de me recommander aux prières de son troupeau. »

Il écrivit des lettres de tous côtés, à Mgr Chabrat, à Mgr l'Évêque de Saint-Flour, à M. le Supérieur de Saint-Sulpice, à M. Pau, curé de Pleaux, à M. Lacoste, supérieur du Petit-Séminaire de Pleaux, demandant à tous supplications ferventes auprès de Dieu, se recommandant aux prières des fidèles, des élèves, de tous ses anciens condisciples et amis.

Dans la lettre à M. Lacoste, il dit :

« Le Dieu de miséricorde qui fait son œuvre dans l'Église par le moyen des hommes, choi-

sissant pour cela ce qu'il y a de plus intime et de plus obscur, vient de permettre que le Saint-Siège m'appelle au saint et redoutable fardeau de l'épiscopat. Après avoir écrit à ceux de ma maison pour les inviter de m'aider de leurs prières, je tourne mes yeux vers le Petit-Séminaire de Pleaux où j'ai trouvé en abondance les faveurs d'une éducation chrétienne et littéraire, le développement de ma vocation sacerdotale, un abri pour ma vertu et la préparation à l'accomplissement des desseins de Dieu sur moi. M. le Supérieur se souviendra facilement de moi qui ai été un de ses pénitents et qui eus le bonheur d'être aidé puissamment par lui dans l'affaire de mon salut. Ma confiance tire une grande force de la pensée que mon nom est inscrit sur le catalogue des congréganistes de Saint-Louis de Gonzague et sur celui de la congrégation de la Sainte-Vierge, dans l'église de ce Petit-Séminaire qui m'est si cher. Veuillez bien, monsieur le Supérieur, obtenir pour votre ancien élève nommé évêque de Louisville, les prières de vos prêtres, de vos élèves, de tous les congréganistes, afin que les grâces de Dieu et l'esprit du saint fondateur de ce diocèse descendent sur son indigne successeur pour le bien de son troupeau. »

Dans la lettre à Mgr Chabrat, nous lisons :

« Je me hâte, mon cher oncle, d'implorer vos ferventes prières pour que l'esprit de notre grand, vénérable et saint ami Mgr Flaget descende sur le plus indigne de ses successeurs, pour la prospérité du troupeau que vous avez tous les deux tant aimé, pour l'honneur de la religion et la plus grande gloire de Dieu. Vous êtes intéressé, mon cher oncle, à ce que Dieu veuille bien bénir le choix que le Saint-Père a fait pour le siège de Louisville, car c'est vous qui, par la direction de la Providence, me menâtes au Kentucky et le troupeau dont je deviens le pasteur est celui au milieu duquel vous avez travaillé, prié, souffert pendant près de quarante ans. »

Le nouvel évêque de Louisville avait quarante-six ans. Il se prépare avec ferveur à l'auguste cérémonie de son sacre, résolu, puisqu'on le veut, à porter le fardeau et à mourir s'il le faut sous le poids de la charge. Le sacre eut lieu le 24 septembre 1865, un dimanche, fête de Notre-Dame de la Merci, dans la belle cathédrale de Louisville, au milieu d'un concours immense de catholiques et de protestants, en présence du sénat auguste de huit archevêques ou évêques, dans toute la splendeur épiscopale, venus avec joie honorer de leur présence leur saint ami et nouveau frère.

Le vénérable archevêque de Cincinnati, Mgr Purcell, fut le prélat consécrateur. Le savant archevêque de Baltimore, Mgr Spalding, prédécesseur de Mgr Lavialle, prononça le matin un éloquent discours sur la hiérarchie ecclésiastique et le soir à vêpres Mgr Mac-Gill, évêque de Richemond, prêcha en présence de la population émue sur les victoires de l'Église.

Et de fait, les victoires de l'Église avaient été magnifiques dans les États d'Amérique.

Au commencement de ce siècle, nous l'avons dit dans la vie de Mgr Chabrat, l'Église du Nouveau-Monde était à son aurore; elle se levait radieuse au-delà des mers comme un soleil nouveau dans la sérénité de sa jeunesse. En 1800, il n'y avait aux États-Unis qu'un seul évêque, Mgr Carroll; il réunissait sous sa houlette environ trente prêtres et vingt-quatre mille catholiques. Mais les brebis et les agneaux se multiplient. En 1810 on compte cinq évêchés, en 1850 on en compte trente-six, divisés en six provinces ecclésiastiques, contenant plus de deux millions de catholiques, dix-huit cents églises, treize cents prêtres, trois cent vingt-deux séminaristes, trente-quatre communautés d'hommes, soixante-six communautés de femmes, cent quatre-vingt-quatre pensionnats ou écoles, cent huit établissements de charité, le tout créé, organisé, doté en cinquante ans. De 1850 à 1865 le nombre des diocèses et des catholiques augmente toujours.

Les premiers missionnaires et les premiers évêques, animés du même esprit, soumis à la même direction, avaient tourné contre le protestantisme et l'infidélité toutes les ardeurs de leur zèle, toutes les ressources, toutes les énergies; ils avaient appelé à la lutte contre l'erreur toutes les âmes généreuses, toutes les congrégations d'hommes et de femmes ; ils avaient organisé des sociétés de propagande, créé des universités, élevé des collèges, des séminaires, des hôpitaux, des orphelinats et avec la coalition de tant et de si saints éléments, de toutes ces légions pacifiques, placées à tous les postes et sur toutes les routes, ils avaient combattu avec vaillance, sans trêve ni repos et, triomphant sur toute la ligne, ils avaient fondé l'empire de Jésus-Christ, tel que nous le voyons au-delà de l'Océan, jeune et magnifique, s'étendant de la Louisiane à l'Orégon, de Boston à Montery, d'un océan à l'autre, dans les déserts et les cités, dans les forêts émues du bruit de leurs batailles pacifiques.

Telle était l'éclatante situation de l'Église des États-Unis lorsque Mgr Pierre-Joseph Lavialle prit place dans les rangs de son noble et brillant épiscopat.

CHAPITRE XIII

Travaux de Mgr Lavialle.

Fort de l'onction sainte et de la grâce divine, le nouvel évêque de Louisville commence sa vie de pasteur par la visite de son diocèse, appuyé sur ses grands-vicaires, M. Chambige, supérieur du Grand-Séminaire, et le docteur Spalding, frère de l'archevêque de Baltimore.

Deux ou trois jours après son sacre, avant de se mettre en route, il réunit, dans sa cathédrale, tous les enfants des écoles, au nombre de plusieurs mille ; il offre, pour eux, le saint Sacrifice de la messe, leur adresse ses conseils paternels et les comble de ses bénédictions ; puis, il part.

Il est reçu partout avec enthousiasme et les plus vives sympathies. Infatigable champion de la vérité, il prêche dans chaque église qu'il trouve sur son chemin, au milieu de chaque foule accourue au-devant de lui ; il parle trois, quatre fois par jour ; il confirme ; il fait la visite canonique des églises, des couvents, des collèges ; il donne des conseils à ses prêtres, des encouragements aux fidèles ; il appelle au bercail de Jésus-Christ ses frères séparés. Son esprit, son cœur, son âme, ses forces sont absorbées par le rude labeur de chaque jour. Il ne se donne pas un moment de repos. Pour qui connait le caractère de la famille Lavialle, il n'y a rien d'étonnant dans cette ardeur, dans cet enthousiasme, dans ce dévouement poussé si loin. Rien n'arrêtait cet homme de Dieu, ni les rigueurs de l'hiver, ni la longueur des chemins.

Sur les travaux de ce saint évêque, voici des documents qui me viennent d'Amérique. Tout ce que j'ai de mieux à faire, c'est de les transcrire ici.

Dans une lettre du 10 janvier 1866, M. Chambige disait à Mgr Chabrat :

« Monseigneur, depuis le jour de son sacre, Mgr Lavialle est à l'œuvre ; il est partout pour édifier son peuple, et par sa parole, et par ses exemples. Tout nous fait espérer que son administration sera des plus salutaires pour le diocèse de Louisville. Comme son prédécesseur, il a eu la bonté de me nommer son vicaire général ; certes, je suis bien indigne d'un tel honneur !.... »

Le 7 octobre suivant, il ajoutait, dans une lettre au même :

« Mgr Lavialle est toujours par voies et par chemins, prêchant, administrant les sacrements, etc. Il est maintenant à Baltimore, au Concile national, lequel a dû s'ouvrir dimanche dernier et doit se continuer pendant quinze jours. Après nos commotions politiques, il est consolant, pour les fidèles et surtout pour les prêtres, de voir leurs premiers pasteurs s'assembler pour aviser au plus grand bien de notre chère Église d'Amérique. Que Dieu daigne bénir leurs travaux !.... »

Il y avait à ce concile quarante-quatre évêques ou archevêques.

Le 14 novembre 1866, M. Peythieu, curé de Portlang, dans le diocèse de Louisville, écrivait en ces termes à Mgr Chabrat :

« Monseigneur, je vous ai parlé de mes travaux : ils ne sont rien en comparaison de ceux de Mgr Lavialle. On peut dire qu'il remplit tout entier le ministère d'un apôtre. Depuis qu'il est évêque, il ne s'est pas donné un moment de repos ; on le voit toujours en mission, visitant toutes les localités de son diocèse, prêchant, confessant, administrant le sacrement de Confirmation, formant de nouvelles paroisses, bâtisssant de nouvelles églises : en un mot, faisant prospérer l'Église du Kentucky, à tel point que les protestants se déclarent vaincus. Ils disent que nous les envahissons.

« Depuis le sacre de Mgr Lavialle, trois églises ont été bâties, dans la seule cité de Louisville. (Bientôt une quatrième y fut élevée.)

« L'année dernière, Monseigneur acheta, dans la ville épiscopale, une belle église méthodiste, que les ministres de cette secte ne pouvaient plus desservir, à cause de la population catholique qui l'environnait de toutes parts. Partout, dans le diocèse, le même progrès.

« A Dauville, qui est le boulevard de l'Église presbytérienne dans le Kentucky, il y a déjà une belle église catholique en voie de construction. Les protestants de l'endroit ont donné à Monseigneur une grande assistance et un grand encouragement pour qu'une église soit bâtie au milieu d'eux. Les préjugés tombent partout. Depuis la dernière guerre, le clergé catholique et les communautés religieuses sont plus justement appréciés.

« Les ministres protestants prêchaient la politique et se créaient partout des ennemis, tandis que le clergé catholique se gardait bien de donner un tel scandale. Il y a aujourd'hui, partout, un grand respect pour lui. Le dernier Concile de Baltimore a fait un bien immense. Plus de quarante évêques ou archevêques étaient là réunis, dans un accord parfait. Le Président des États-Unis lui-même est allé admirer, dans la cathédrale de Baltimore, ce spectacle magnifique, dont parlaient tous les journaux catholiques et protestants. »

Dans l'ouvrage intitulé : *Reminiscenses of a lay catholic,* je lis ces paroles, que je traduis littéralement de l'anglais :

« Le nom de l'évêque Lavialle, si profondément regretté *(deeply-lamented),* peut bien être ajouté à la liste de ces soldats de la croix dont je me suis efforcé de conserver la mémoire vivante dans le cœur de notre peuple. Pendant plus de vingt-cinq ans, l'évêque Lavialle travailla, avec une infatigable fidélité, à continuer et à perfectionner l'œuvre qu'ils avaient commencée dans ce diocèse. Et, marchant comme il le faisait sur leurs traces, lui aussi, nous pouvons l'espérer, a atteint le but qu'ils s'efforcèrent d'obtenir, l'éternel repos du ciel. Il n'est pas nécessaire de faire, en présence des catholiques de cette cité et de cet État, l'histoire des travaux que l'évêque Lavialle a exécutés durant le temps de son court épiscopat. Les effets de ces travaux sont partout autour d'eux. Comme par enchantement *(as by magic)*, de nouvelles églises sont élevées dans les différentes parties du diocèse, dont quatre à Louisville ; elles attestent le zèle de l'évêque pour la gloire de Dieu et le salut des âmes. Il n'y a pas de congrégation (paroisse), quelque petite qu'elle soit, dans le diocèse, qui n'ait reçu le bienfait de ses labeurs personnels ; pas de communauté, dans toute l'étendue de sa juridiction, qui n'ait été fréquemment visitée et où sa présence et ses paroles n'aient apporté un renouvellement de vie spirituelle... Il est certain qu'il ne s'est jamais donné de repos, et que sa constitution physique, affaissée, brisée par un incessant travail, est devenue si délicate qu'elle n'a plus eu les forces nécessaires à l'accomplissement de ses desseins. Il paraissait être en tout temps fortement impressionné des responsabilités qu'il avait assumées, surtout lorsqu'il fut devenu évêque dans l'Église de Dieu. En lui, le cœur et l'esprit, le corps et l'âme furent comme des holocaustes généreusement offerts au divin Chef de l'Église, pour sa propre sanctification et pour celle de son peuple. »

CHAPITRE XIV

Qualités et vertus de Mgr Lavialle.

Pour être un homme parfait, un saint, il faut joindre aux œuvres apostoliques les qualités de l'esprit et les vertus du cœur. Or, cet assemblage heureux d'œuvres et de vertus sacerdotales, nous le trouvons dans Mgr Lavialle.

Dans les lettres de Mgr Lavialle, écrites d'ailleurs avec simplicité, au courant de la plume, on voit comme un rejaillissement continuel des vertus sacerdotales; elles révèlent le trésor de grâces dont son âme était remplie; on trouve dans ces pages un homme uniquement rempli de l'esprit de Dieu, perdu dans les choses saintes, complètement étranger aux affaires du monde; il ne parle que de vocation, missions, âmes à sauver, jeunes gens à instruire, constructions d'églises, fondations de couvents, etc... De la fortune, des honneurs, des intérêts matériels, il n'en est jamais question; ou s'il en dit un mot, c'est pour les surnaturaliser, en faire un moyen de sanctification....

Il y avait en lui un grand esprit de foi; il voyait Dieu en tout et il voulait que tout fût fait pour Dieu, pour sa gloire et le salut des âmes.

« Ne nous laissons pas abattre, mon cher frère, écrivait-il à l'avoué de Mauriac, le 25 octobre 1854, mais portons avec patience et résignation le poids des circonstances, afin qu'ainsi nous puissions les sanctifier. Prenons courage en considérant qu'après tout nous assurons notre bonheur véritable en faisant ce que Notre-Seigneur veut de nous. Nous ne sommes pas créés précisément pour une carrière brillante dans ce monde, mais pour suivre la voie qui est selon la volonté de Dieu. Gérons avec fidélité sans doute les affaires temporelles, mais ne laissons pas notre esprit et notre cœur se chagriner et s'épuiser à leur occasion. Elles sont pour nous, nous ne sommes pas pour elles. »

Quand le fils aîné de M. Lavialle, avoué à Mauriac, vint au monde, en 1846, le pieux missionnaire d'Amérique écrivit à sa belle-sœur :

« Je suis enchanté, ma sœur, que ce cher petit neveu ait reçu le nom de Paul, ce nom qui est sous un rapport le plus beau, le plus grand que l'on puisse donner à un chrétien. Je voudrais que toujours les parents donnassent à leurs enfants des noms qui fussent comme des étoiles, les guidant, les invitant à l'acquisition des vertus, et non pas de ces noms mondains, muets qui ne suscitent aucune idée de vertu ni de noble souvenir. Que le ciel bénisse votre jeune enfant, le garde, le protège tous les jours de sa vie afin qu'il soit un ange de consolation et de bonheur pour ceux qui lui ont donné le jour et qu'il ne perde pas lui-même ses droits à la félicité pour laquelle il a été créé. »

Plus tard, en 1862, quand M. l'abbé Peythieu, de Drugeac (Cantal), partit pour l'Amérique, M. Lavialle et ses enfants le chargèrent de porter au missionnaire quelques souvenirs de famille.

Le Supérieur de Sainte-Marie répondit :

« J'ai reçu avec grand plaisir les petits souvenirs envoyés par toi et tes enfants ; ils serviront à entretenir notre attachement de frères chrétiens. Le porte-monnaie de la petite Caroline sera un signe qui me rappellera ma chère petite nièce et sa bien-aimée maman. Quant à la boite d'Edmond, elle a aidé à bâtir une chapelle en l'honneur de la Sainte-Vierge. Je crois que je ne pouvais mieux faire pour cet enfant que de donner en son nom le précieux bijou pour le prix en être employé à la construction d'une nouvelle église à Louisville. Et maintenant que le Seigneur bénisse, protège, conduise par la main à travers les épreuves de ce monde mes chers neveux et ma chère petite nièce : Paul, Edmond, Caroline. » (1).

En 1858, la mort enleva la pieuse mère de

(1) Aujourd'hui (1890), M. Paul Lavialle est receveur de l'Enregistrement ; Caroline est religieuse du Sacré-Cœur ; Edmond est mort, le 11 mai 1886, dix-neuf ans après son oncle l'évêque, mais le même jour. M. Lavialle père est toujours avoué à Mauriac.

ces enfants ; l'oncle d'Amérique écrivit au père le 29 septembre de la même année :

« Je viens de recevoir ta lettre du 29 août, mon cher frère, et les paroles ne peuvent exprimer ma douleur; je ne puis te dire combien je prends part au chagrin que te cause la perte irréparable d'une épouse qui pendant treize ans a tant contribué à la paix et au bonheur de la famille. Comme tu le dis, la nature humaine est trop faible pour supporter de telles afflictions; il faut chercher la force ailleurs, dans la foi, dans les enseignements et les secours de la religion. La pensée que tu as cinq anges au ciel, que leur mère, ton épouse, a le bonheur de leur être réunie, que tout ce qui est permis de Dieu doit avoir quelque bonne fin pour nous, cette pensée, dis-je, mon cher frère, doit être un encouragement et un adoucissement à l'amertume de tes maux. Crois bien une chose, c'est que dans tes douleurs je suis avec toi d'esprit et de cœur... Tu me parles d'un voyage en France; j'en aurais une grande joie, mais il est impossible; je ne puis quitter ma position sans jeter de l'embarras dans le diocèse et sans retarder les intérêts de Dieu. Tu te trompes si tu crois que je puisse me rendre aussi utile dans le Cantal qu'en Amérique. Je puis faire plus de bien ici en deux ans que je ne pourrais en faire en France en dix. »

« Chaque matin de ma vie, dit le jeune apôtre dans une autre lettre, à la sainte messe, je pense à toi, à toute la famille; de temps en temps j'offre le saint Sacrifice de la messe un jour pour notre bonne mère, le jour suivant pour toi, puis pour Louis, pour l'oncle, pour tes enfants, pour notre cher père, pour ton épouse bien-aimée. Tu vois, mon cher frère, que si je vous écris rarement, ce n'est pas rarement que je pense à vous tous. C'est ainsi que je réalise les pieuses pensées que tu m'exprimais d'une manière si touchante dans ta lettre d'octobre 1859 quand tu me disais : — Trouvons-nous de temps en temps aux pieds de notre Souverain Maître. Si Dieu a voulu que nous vivions éloignés l'un de l'autre, au moins sachons nous retrouver dans son amour au pied de la croix. Prions-le ensemble de nous aider dans le désert de la vie —. Belles paroles, mon cher frère, inspirées par ta foi et qui tombent comme la rosée du ciel sur le cœur même de ton frère prêtre.... »

Dans toutes les lettres de Mgr Lavialle nous trouvons l'expression sincère de son humilité, de son attachement à l'Église d'Amérique, de son zèle des âmes et du désir ardent de la sanctification de tous les membres de sa famille qui au reste marchaient tous dans le chemin de la vie chrétienne.

Citons encore cette lettre qu'il écrivait, le 12 juin 1861, à son oncle le chanoine :

« Je viens de recevoir la lettre de mon frère

l'avoué, du 23 avril. Cette lettre est si chrétienne, si pleine de la sagesse et des lumières que la religion donne, que son frère prêtre, qui a été sur le point d'être évêque, y a trouvé des leçons bien dignes de ses réflexions et propres à lui inspirer plus de dévouement au bien général de l'Église; plus d'oubli de soi-même et d'abandon à Dieu.

« En vérité, mon cher oncle, tout en me réjouissant de voir que, par la miséricorde de Dieu, mon frère a le bonheur de suivre fidèlement la voie de la vertu, je crains bien qu'après avoir tout quitté pour notre Seigneur, je ne demeure en arrière de celui qui a été appelé à rester dans le monde.

« Vous, mon bon oncle, qui avez été pour mes frères et pour moi un second père, qui avez exercé sur le cours de notre vie une influence salutaire, veuillez plus que jamais, à mesure que la fin de votre carrière approche, m'aider de vos prières, afin que je devienne de plus en plus digne de la vocation sainte qui m'a été donnée, afin que je puisse travailler beaucoup et souffrir beaucoup pour le règne de Dieu et le salut des âmes, en vrai soldat de Jésus-Christ.

« J'aime à croire que notre vénérable oncle, Géraud, ancien curé de Saint-Bonnet, s'intéresse beaucoup pour nous dans le ciel où il jouit du fruit de ses bonnes œuvres, de sa sainte vie et de ses vertus apostoliques.

« Vénérable père! oncle Géraud, priez pour

nous ! tel est le cri de mon âme vers lui, dans la conviction qu'il est notre avocat auprès de Dieu. Le souvenir de son grand zèle, de sa ferveur, de son esprit de mortification et de son désintéressement me sert quelquefois d'aiguillon dans les œuvres de Dieu..... »

Devenu évêque, Mgr Lavialle écrivit rarement à sa famille. Il était tout absorbé par les travaux du saint ministère, et, du reste, épuisé bientôt de fatigue, il fut saisi par la maladie et couché sur un lit de douleurs, victime de son zèle apostolique. Il priait M. Peythieu, missionnaire à Portlang, de donner de ses nouvelles à ses parents. M. Peythieu leur écrivit, le 31 mars 1867 :

« Le tourbillon d'affaires dans lequel Mgr Lavialle s'est trouvé continuellement plongé, depuis sa promotion à l'épiscopat, ne lui a pas permis de vous donner de ses nouvelles ; mais vous savez combien il vous chérit tous. Ayant toutes les qualités, il ne saurait ne pas être bon fils et bon frère. Il voulait vous écrire, pour vous annoncer son prochain voyage en Europe ; mais toujours les devoirs de sacré ministère y mettaient obstacle. Aussitôt que sa santé le permettra, il se mettra en route pour répondre à l'appel du Souverain-Pontife, fait, aux évêques de la chrétienté, pour la fête de Saint-Pierre. Il se rendra à Rome avec un prêtre kentuckien, et je pense qu'il vous réservera sa première visite.

« Monseigneur me charge de vous dire que tout son regret est de ne vous avoir pas donné de ses nouvelles quand il était en santé. Son cœur, qui vous est si tendrement attaché, semble maintenant lui en faire un reproche. Mais, vraiment, quand on est témoin de tout ce qu'il a accompli pour la gloire de Dieu, on doit se demander s'il pouvait en faire davantage. Trouvez ici les sentiments d'affection que Monseigneur vous transmet. »

Pour faire connaître davantage les vertus sacerdotales et les éminentes qualités de Mgr Lavialle, je n'ai rien de mieux à faire que de transcrire ici une lettre écrite par M. Chambige, après la mort du saint prélat, et adressée à M. Lavialle, avoué à Mauriac. La voici :

« J'ai connu Monseigneur votre frère de la manière la plus intime, puisqu'il a été, pendant six ans, professeur au Séminaire de Saint-Thomas, dont j'étais le supérieur, et puisque, plus tard, je suis devenu son grand-vicaire.

« Les rapports entre Mgr Flaget et M. Lavialle ont été parfaits. Il est une circonstance qu'on n'a pu connaître ; je crois que je suis le seul à qui elle a été communiquée : Un jour Mgr Flaget, en présence d'un prêtre, avec un certain ton d'inspiration, s'écria : *Mon jeune chapelain, l'abbé Lavialle, sera un jour évêque!* Et l'on ne peut pas dire que Mgr Flaget ait travaillé à réaliser sa prédiction, puisqu'elle s'est accomplie plus de quinze ans après sa mort.

« La vertu distinctive de Mgr Lavialle était l'humilité. En voici un ou deux exemples : Il avait été à la tète du Séminaire diocésain. Lorsque Mgr Spalding transféra cet établissement à Saint-Thomas, M. Lavialle devint simple professeur des élèves dont il avait été le Supérieur et, non seulement il ne proféra aucune plainte au sujet de la position qu'on lui faisait, mais au contraire il s'en réjouit et montra une soumission parfaite au Supérieur de Saint-Thomas qui était alors votre serviteur.

« Quelques moments avant la cérémonie de son sacre, j'entrai assez brusquement dans sa chambre et je le trouvai occupé à cirer ses souliers. Il fut confus et il me fit promettre de n'en rien dire.

« Je n'ai pas besoin de mentionner son refus réitéré de l'évèché de Savannach, et si enfin il accepta celui de Louisville, ce fut parce qu'il n'y avait pas moyen de refuser.

« Vous parlerai-je de son désintéressement? Vous savez qu'à sa mort, il n'a rien laissé, pas même de quoi fournir à ses funérailles. Sa charité n'avait pas de borne : Tantôt c'était une église qu'il faisait achever à ses frais, tantôt un presbytère qu'il faisait construire ; les pauvres, les affligés étaient l'objet de ses soins et de sa sollicitude. Souvent il me communiquait ses projets d'établissements pour soulager les misères spirituelles et corporelles. Je ne pouvais m'empêcher d'admirer la grandeur de ses vues, aussi bien que son immense charité qui s'étendait à tout. Ici c'était un hôpital qu'il fallait bâtir pour y recevoir les petits enfants abandonnés ; là, une Société religieuse à fonder pour visiter les malades et les préparer à la mort ; plus loin, un asile pour les jeunes personnes en danger de se perdre ; ailleurs, une maison de refuge pour les jeunes garçons livrés au vagabondage.

« C'était surtout envers ses prêtres qu'il déployait les ressources de cette charité dont son cœur était plein. Connaissant leurs vertus aussi bien que leurs défauts, il savait apprécier et récompenser les unes et couvrir les autres du voile de sa charité, sans cependant manquer au devoir d'une paternelle correction.

« Mgr Lavialle était naturellement d'un caractère grave et sérieux, mais il savait, quand l'occasion se présentait, se dérider complètement sans perdre sa dignité. Un jour, après son sacre, je l'accompagnai chez les Trappistes de Gethsémanie ; le révérend Père-Abbé, avec lequel je suis quelque peu familier, me plaisantait sur notre équipage : une vieille voiture traînée par deux chevaux de vingt ans ! — Oh ! oh ! Monsieur le Grand-Vicaire, nous avons voiture à deux chevaux ! — Nous n'en mettons qu'un ordinairement, répondis-je, mais ayant l'Évêque à conduire, j'en ai mis deux ; ces Grandeurs, ça pèse ! — Monseigneur rit de tout son cœur et, après avoir dit qu'il allait me payer de la même monnaie, il se mit à plaisanter sur mon compte à propos d'une adresse de lettre reçue la veille dans un couvent dont j'étais le Supérieur; au lieu d'écrire : *Au révérend Père Chambige Supérieur,* on avait mis : *A la révérende Mère Chambige Supérieure.* A la gravité Monseigneur joignait ainsi la plus grande amabilité.

« Le zèle pour le salut des âmes était le mobile de toutes ses actions; il aurait pu s'appliquer cette parole de l'Écriture : *Le zèle de la maison de Dieu me dévore.* C'est le zèle qui l'a consumé. L'opinion générale est que sa mort prématurée est due à son excès de zèle.

« Un jour, après avoir officié pontificalement, présidé aux vêpres, à la bénédiction du Saint-Sacrement, confirmé dans deux paroisses et prêché cinq fois, il s'écria tout ravi : Quel jour heureux! que ne sont-ils tous comme celui-là!

« En effet il ne trouvait de bonheur que dans son épuisement au service de Dieu. Quelques jours avant sa mort, il apprend qu'une Société de jeunes catholiques désire ses conseils et demande sa présence pour former un institut catholique pour l'instruction des jeunes gens. C'était au milieu d'un rude hiver; il n'hésite pas; il entreprend un long et pénible voyage pour satisfaire le pieux désir de ces jeunes gens, et cependant sa santé lui commandait le repos.

« Ce saint prélat posait en principe qu'il fallait une école attachée à chaque église et si

Dieu lui en avait donné le temps, il est probable qu'il aurait réalisé cette généreuse pensée.

« Quant à sa piété, elle ne se démentit jamais... Je sais qu'il pratiquait des mortifications; il châtiait son corps déjà exténué par ses travaux continuels; il prenait peu de récréations. Je ne sache pas qu'il ait entrepris un seul voyage d'agrément... Nous n'étions pas dignes de le posséder; Dieu nous l'a enlevé pour récompenser ses mérites. Force à nous de dire, il est vrai à contre-cœur : *Fiat voluntas tua.* Seigneur que votre volonté soit faite! »

CHAPITRE XV

Mgr Lavialle est victime de son dévouement. — Sa maladie. — Sa mort.

Mgr Lavialle fut martyr de son zèle. Chez ce pieux évêque, c'était une activité dévorante, c'était l'enthousiasme de la foi ; il tomba, victime de son amour pour son peuple.

Le Père-Abbé de la Trappe de Gethsémani disait de lui : « Il s'est immolé, en dix-huit mois, pour le salut de son peuple. »

« Par son zèle excessif et ses travaux, disait l'archevêque de Baltimore, il s'est épuisé complètement. Je puis déclarer qu'il est mort d'un excès de zèle ; il s'est éteint d'*exhaustion corporelle* (épuisement). Je ne doute pas qu'il soit au ciel. »

A la mort de ce saint évêque, *le Courrier de Louisville,* journal protestant, donnait un article, dont voici la traduction :

« Parmi les membres de son troupeau, l'évêque Lavialle jouissait d'une grande réputation, à cause de la sainteté de sa vie et du zèle qu'il apportait à l'exécution des devoirs que lui imposait sa position dans l'Église romaine. Il était regardé, par tout son peuple, comme ayant fait le sacrifice de sa vie actuelle, au-dessus de laquelle il mettait une vie meilleure.

« Vu sa constitution physique, naturellement frêle, il n'est pas étonnant que les fatigues qu'il s'imposait, les longues et continuelles privations auxquelles il se livrait l'aient beaucoup éprouvé. Il n'y a pas encore deux ans qu'il a été élevé à l'épiscopat, et cependant il n'y a pas de missions, dans son diocèse, qu'il n'ait visitée au moins une fois, et plusieurs plus fréquemment. Ces visites épiscopales, dans l'Église catholique de nos contrées, entraînent une foule de travaux et occasionnent des fatigues dont peu de personnes se font une juste idée.

« Avec un homme à principes sévères comme l'évêque Lavialle, qui avait toujours en regard les terribles responsabilités des fonctions épiscopales, on peut facilement concevoir que, non seulement il partageait avec son clergé les fatigues relatives à ces visites, comme de prêcher, catéchiser, confesser, mais que trop souvent il faisait plus que sa part de cette tâche difficile.

« Les causes de la maladie qui a ruiné sa santé et l'a finalement conduit à la mort, il ne peut y avoir de doute, se trouvent dans son système de labeurs et de dévouement, qu'il a suivi pendant sa dernière visite du diocèse. »

Mgr Lavialle tomba malade en mars 1867. Il se fit porter de Louisville à Nazareth, près de Bardstown, pensant que le climat lui serait plus salutaire.

Le 31 mars, M. Peythieu écrivit ce qui suit à Mgr Chabrat :

« A la demande de notre bien-aimé Prélat, et aussi pour obéir aux sentiments de vénération dont je suis pénétré pour Votre Grandeur, Monseigneur, je viens vous faire part d'une nouvelle qui, je le regrette, affligera votre cœur. Mgr Lavialle est retenu, malade, dans son lit, depuis environ un mois.

« Sa santé avait été chancelante, depuis quelques mois ; mais son zèle, que je dois appeler excessif, le portait partout où il y avait du bien à faire. Rien ne pouvait l'arrêter, quand il s'agissait de la gloire de Dieu. Vous connaissez son ardeur à ce sujet. Il visitait le diocèse, les communautés religieuses ; il était à la tête de toutes les entreprises : son zèle embrassait tout. Sa faible santé ne pouvait tenir longtemps dans de pareils travaux et dans des fatigues aussi excessives.

« Malgré le peu d'amélioration qu'il y a dans son état, je ne pense pas qu'on puisse le considérer comme en danger. Il est à l'infirmerie Saint-Joseph, lieu plus favorable que la maison épiscopale. Les soins lui sont prodigués par les bonnes Sœurs de charité.

« Toutes les communautés religieuses adressent au Ciel de ferventes prières, pour la conservation d'un père si cher. Nous offrons le saint Sacrifice de la messe pour lui..... »

« Il y avait quelque temps, ajoute M. Peythieu, dans une lettre à M. Lavialle, avoué, que les germes de cette maladie s'étaient manifestés; mais votre frère était un de ces hommes d'énergie et d'activité si extraordinaires, de zèle si ardent, que la faiblesse et les infirmités du corps étaient comptées pour rien. Je n'ai pas connu d'homme plus sévère pour lui-même et plus plein de mépris pour les aises de la vie. De fait, on aurait dit qu'il prenait plaisir à souffrir, et il ne laissait jamais échapper une plainte. L'idée de la mort lui était pénible : ce n'était pas qu'il redoutât les jugements de Dieu, mais il voulait vivre pour continuer l'œuvre que Dieu avait mise en ses mains; et la preuve, c'est que, chaque jour, pendant sa maladie, il ne cessait de s'entretenir des affaires du diocèse... »

Cependant, il finit par s'apercevoir que bientôt Dieu allait lui demander le suprême sacrifice. Un jour, M. Peythieu était au chevet de son lit : « Mon ami, lui dit l'évêque, vous savez que, parmi les Israélites du désert, peu entrèrent dans la terre promise. Eh ! bien, je passe maintenant le désert ; la terre promise, pour moi, c'est Rome, l'Auvergne, où je suis appelé. Hélas ! Dieu sait si je les reverrai jamais ! »

Ce doux souvenir de Rome et de la terre natale, ce regard jeté sur la France et sa famille furent le dernier souvenir et le dernier regard. Dieu se montra sévère pour cette âme d'élite. Revoir son village, sa mère, ses frères ; embrasser, une fois dans la vie, Paul, Edmond, Caroline, qu'il n'avait pas encore vus, eût été, pour le jeune évêque, une joie bien légitime. Dieu la lui refusa. Ainsi agit le Seigneur envers ses élus. Il les mène par le chemin des austérités ; il les cloue sur la croix et les laisse là jusqu'au jour où, les prenant dans la mort, il les élève sur un trône de bonheur et d'immortalité.

Le 21 avril 1867, M. Chambige écrivait à Mgr Chabrat :

« Monseigneur et cher Père, c'est avec le cœur plein de tristesse que je vous écris ces lignes. Mgr Lavialle est dangereusement malade, si bien que j'ai eu à remplir à son égard le triste devoir de lui administrer les derniers sacrements, hier au soir, dimanche de *Quasimodo*. Il ne nous reste plus d'espoir que celui qui vient de la divine Miséricorde. Pauvre diocèse de Louisville ! il prospérait si bien, par la ferme et active administration de son nouvel évêque ! Mais la tâche était trop forte pour la faible constitution de Mgr Lavialle ; il meurt victime de son zèle. Cette nouvelle, Monseigneur, vous remplira de douleur ; mais, aussi bien que nous, il faudra dire : *Fiat voluntas tua.*

« Comme vicaire général, je viens d'écrire à tous nos missionnaires et à tous les supérieurs d'établissement pour qu'ils prient et fassent prier. Peut-être que, par cette union de prières, nous obtiendrons de la divine Miséricorde la guérison de notre évêque bien-aimé. Je n'ai pas besoin de vous dire, Monseigneur, que notre cher malade est l'objet des soins les plus affectueux. Les médecins les plus habiles ont été appelés. Priez, Monseigneur, pour notre diocèse, qui est aussi le vôtre..... »

Ils furent longs, les jours qui suivirent la lecture de cette lettre, en Auvergne. Le vénérable vieillard de Chambres, la famille Lavialle, la famille Chabrat, les parents, les amis, tout le monde était dans l'attente inquiète des nouvelles d'Amérique. On désirait et on redoutait tout à la fois l'arrivée des lettres d'outre-mer. Enfin, arriva la lettre suivante, écrite à Mgr Chabrat par M. Chambige :

« Monseigneur et cher Père, le sacrifice est consommé. Mgr Lavialle a rendu son âme à Dieu, hier, samedi, 11 mai 1867, à neuf heures du soir. J'ai eu la triste consolation de lui fermer les yeux, après avoir récité deux fois les prières des agonisants.

« Tout le diocèse est plongé dans la plus profonde affliction. Pendant le temps trop court de son épiscopat, Monseigneur avait gagné, non seulement l'estime, mais l'affection de son clergé et de son troupeau. Un de nos prêtres me disait, hier : « Que de larmes vont être « répandues à Louisville, lorsque la triste nou-« velle de sa mort y parviendra !... » Excusez, Monseigneur, ce griffonnage : je n'ai point la tête à moi, et le cœur est en souffrance. »

Coïncidence à remarquer : Mgr Lavialle est mort la veille de la fête de Notre-Dame-des-Miracles, au moment où, dans l'église de Mauriac, on chantait les premières antiphines ou salut solennel qu'ouvre la solennité. Dans une lettre adressée à M. Lavialle, avoué, le même vicaire général, M. Chambige, disait : « Votre frère n'a pas souffert beaucoup, pendant sa longue maladie. Il s'est éteint paisiblement. Jusqu'au dernier soupir il a semblé me comprendre lorsque je lui suggérais quelques pieuses pensées. Il a rendu son âme à Dieu, quand je prononçais ces paroles adressées aux agonisants : *Proficiscere, anima christiana*. Partez, âme chrétienne... » La mère du vénéré défunt était morte un mois auparavant, le 7 avril, à l'âge de 82 ans. Elle n'avait pas su la maladie de son fils et le fils n'avait pas su la mort de sa mère. On les avait laissés l'un et l'autre dans une salutaire ignorance à ce sujet. Ce fut sans doute pour eux une joyeuse surprise de se retrouver au sein du Paradis, pour y vivre à jamais réunis dans le délicieux bonheur de l'immortalité.

CHAPITRE XVI

Funérailles de Mgr Lavialle.

Le lendemain de sa mort, le vénérable défunt fut exposé, avec les ornements épiscopaux, dans la chapelle du couvent de Nazareth, sur un magnifique catafalque, autour duquel furent chantées les premières prières liturgiques. Un service solennel fut offert par le Révérend Père Chambige, en présence de cent Sœurs de charité, de trois cents de leurs élèves, des fidèles accourus en foule, qui tous témoignèrent de leur douleur par leurs prières et par leurs larmes. Le soir, les prêtres des contrées voisines et plusieurs séminaristes, arrivés de Saint-Thomas, chantèrent l'office des morts, en présence du cercueil.

Le lendemain, lundi, se déroulent avec ordre et majesté les mêmes cérémonies et les mêmes solennités funèbres.

Le mardi, jour désigné pour le transfert des restes mortels du vénéré prélat dans sa ville épiscopale, on fit de bonne heure les préparatifs du départ, auxquels toute la population de Nazareth et de Bardstwon voulut concourir, et concourut largement, en effet, de sa peine, de son argent et de ses prières.

Le matin, deux cents hommes de qualité *(two hundred gentlemen)*, délégués par les paroisses de Louisville, environ vingt prêtres et plusieurs autres personnes arrivent de la ville épiscopale à Nazareth, portés par un train spécial.

On organise un immense convoi. Tous les nombreux wagons du train particulier, qui doivent emporter les dépouilles mortelles du saint prélat, sont drapés de noir. Le cercueil est placé sur un char funèbre, dans un wagon ; et dans les voitures du même train montent les députations de Louisville, les habitants de Bardstwon en grand nombre, soixante Sœurs de charité, environ deux cents de leurs élèves, les élèves du Grand-Séminaire et plus de trente prêtres, chantant des psaumes.

L'immense train funèbre se met en marche et s'élance, rapide, à travers les plaines, les collines, les forêts, emportant, sous le regard de Dieu et des populations émues, la mort et la douleur.

A Louisville, les habitants attendaient, à la gare de Mashville, l'arrivée du train. Quand il se présente, toutes les cloches de la ville sont mises en mouvement.

Le convoi s'organise. Les congrégations religieuses, la plus grande partie du clergé diocésain, le Conseil général de Louisville, trois mille membres des Sociétés pieuses, accourus de divers lieux, avec leurs bannières couvertes de crêpe, environ huit mille hommes *(about eight thousand men)*, dit *le Courrier,* forment un immense cortège, sans compter, dit le même journal, cette foule innombrable, de tout âge, de tout sexe, de tout rang, qui encombre les côtés des rues, les avenues, les fenêtres et les balcons des maisons. C'est un deuil universel, et sur toutes ces physionomies, d'aspect divers, apparaît un même sentiment, celui de l'amour et du regret.

On descend le corps du wagon, et on le place sur un magnifique corbillard, traîné par quatre chevaux blancs. Le convoi se met en marche vers la cathédrale, au son des cloches, le clergé et le corps des musiciens alternant avec les chants liturgiques.

« La plus nombreuse procession funèbre qu'on ait jamais vue dans notre cité, dit la feuille protestante que j'aime à citer, fut celle qui escorta, hier, les restes mortels du dernier évêque, le très Révérend Pierre-Joseph Lavialle, depuis la gare de Mashville jusqu'à la cathédrale. Les rues étaient encombrées d'une foule compacte, plusieurs heures avant l'arrivée du convoi ; mais, dans cette foule, dense et mêlée, on n'aperçut pas le moindre signe de légèreté *(of levity)*. Il était évident, pour tout observateur, qu'un grand deuil était tombé sur la société et que le peuple était venu, avec une triste et solennelle tendresse, payer son dernier tribut de vénération à celui qui avait été un père pour lui.

« Arrivé à la cathédrale, le corps du défunt fut descendu du corbillard et porté par des prêtres. Les différentes sociétés religieuses se rangèrent à la place qui leur était assignée. Un dixième à peine de l'immense cortège put entrer dans l'église; des milliers de personnes furent obligées de se retirer sans avoir pu y pénétrer. Elle était drapée avec beaucoup de goût, de festons, de crêpes blancs et noirs; les colonnes et les tableaux étaient chargés de décorations funéraires. Aussitôt que le cercueil eut été déposé dans le chœur, on célébra un service solennel. »

La messe fut chantée par le révérend Spalding, vicaire général, et l'oraison funèbre fut prêchée par le révérend Schacht.

« Durant toute l'après-midi, continue le *Courrier*, la cathédrale fut visitée par des milliers de personnes qui n'avaient pu y pénétrer auparavant. Jamais peut-être le mérite personnel et l'utilité sociale d'un homme ne reçurent un témoignage plus haut et plus général que celui donné à l'évêque Lavialle par la multitude qui spontanément se précipita autour de ses dépouilles mortelles. L'amabilité de son caractère social, son zèle pur et désintéressé dans l'administration, la simplicité et la solidité des nombreuses vertus de son cœur et de son esprit avaient produit une profonde impression sur tout le peuple, quoique de différentes religions, et avaient rempli les catholiques de son diocèse des tendresses de filiale vénération et de parfait amour. Les hommes les meilleurs et les plus purs n'ont jamais acquis une aussi unanime affection de la société, et celui qui entreprendra de remplir la place du défunt aura besoin de posséder des qualités rares parmi les mortels. »

Le mercredi, le corps demeura exposé toute la journée dans la cathédrale. Les fidèles purent ainsi satisfaire leur dévotion en venant prier autour du vénéré défunt. Le matin, les enfants de toutes les écoles vinrent assister à la messe célébrée pour le repos de l'âme de leur bien-aimé pasteur.

Le jeudi eurent lieu les dernières solennités.

« Ce fut le jour, dit le journal protestant, où les plus larges tributs d'éloges furent rendus à ce mort qui naguère était réchauffé par l'amour chrétien et animé par la sainte vivacité du zèle apostolique. »

De bonne heure la cathédrale était remplie d'une foule respectueuse, attendant dans le silence et la prière l'heure de l'office solennel.

Dans le sanctuaire sont rangés soixante-deux prêtres, le révérend Père-Abbé de Gethsémanie, deux archevêques : Mgr Purcell, de

Cincinnati, et Mgr Kenrick, de Saint-Louis; six évêques : Mgr de Saint-Palais, évêque de Vincennes, Mgr Luers, évêque de Wagne, Mgr Carroll, évêque de Corwington, Mgr Rosecrans, évêque-coadjuteur de Cincinnati, Mgr Rappe, évêque de Cheveland, et Mgr Fleehen, évêque de Nashville (1).

La cérémonie commence par l'office des morts; puis est chantée solennellement la messe de *requiem* par Mgr de Saint-Palais, lequel avait le révérend Père Spalding pour prêtre assistant. L'archevêque de Cincinnati, « qui, dit le *Courrier*, avait un chaud attachement pour l'évêque décédé », monte en chaire et prononce un discours dans lequel, après avoir succinctement raconté la vie du prélat défunt, il fait avec éloquence l'éloge de ses nombreuses vertus. Après les absoutes données par les évêques, le corps est descendu dans un caveau sous l'autel et placé à côté de celui du vénérable Mgr Flaget, son ancien ami et père en Jésus-Christ. « Et alors, dit le *Courrier*, le monde perdit de vue celui dont les travaux et le souvenir survivront longtemps, ainsi que la renommée de ses éminentes vertus. »

(1) Le lecteur aura remarqué l'absence de Mgr Spalding, archevêque de Baltimore, le prédécesseur et le grand ami de Mgr Lavialle. A cette époque il était à Rome.

Ainsi vécut, ainsi mourut, loin du pays de son enfance, Mgr Pierre-Joseph Lavialle, évêque de Louisville, dans les États-Unis d'Amérique. Quand il disparut de ce monde, il avait quarante-six ans neuf mois. Malgré cette mort prématurée, le jeune évêque n'en posséda pas moins toutes les vertus épiscopales et sa vie n'en fut pas moins remplie de mérites et illustrée par les bonnes œuvres les plus nombreuses et les plus remarquables : admirable effet de la grâce qui rend belles et longues les plus courtes vies et qui élève les œuvres d'un enfant à la hauteur des œuvres d'un héros !

TABLE

AURILLAC. — IMPRIMERIE H. GENTET, RUE MARCHANDE.

www.ingramcontent.com/pod-product-compliance
Ingram Content Group UK Ltd.
Pitfield, Milton Keynes, MK11 3LW, UK
UKHW020916180726
13838UKWH00002B/573